国有企业
科技创新激励机制研究

常 燕 石书德 汪 涵 编著

中国电力出版社
CHINA ELECTRIC POWER PRESS

内 容 提 要

本书主要围绕激发国有科技型企业创新活力、增强创新动力等重点难点问题，在明确国家全面深化科技体制改革提出的新要求下，摸清国有企业科技创新激励现状与不足，从国有企业智库视角提出新时期新阶段国有企业科技创新激励的优化思路与重点举措、科技创新激励方式选择模型，并针对不同激励模式提出关键技术体系，为下一步推进国有企业科技创新激励建设提供参考。

本书定位于政府决策制定、国有企业政策实施的参考书，可供国资国企改革政策制定者、实施者、研究者参考使用。

图书在版编目（CIP）数据

国有企业科技创新激励机制研究 / 常燕，石书德，汪涵编著. —北京：中国电力出版社，2021.4
（2022.2 重印）
ISBN 978-7-5198-5454-6

Ⅰ. ①国…　Ⅱ. ①常…②石…③汪…　Ⅲ. ①国有企业–企业创新–研究–中国　Ⅳ. ①F279.241

中国版本图书馆 CIP 数据核字（2021）第 042552 号

出版发行：中国电力出版社
地　　址：北京市东城区北京站西街 19 号（邮政编码 100005）
网　　址：http://www.cepp.sgcc.com.cn
责任编辑：刘汝青　董艳荣
责任校对：黄　蓓　朱丽芳
装帧设计：张俊霞
责任印制：吴　迪

印　　刷：三河市万龙印装有限公司
版　　次：2021 年 4 月第一版
印　　次：2022 年 2 月北京第二次印刷
开　　本：787 毫米×1092 毫米　16 开本
印　　张：8
字　　数：99 千字
定　　价：68.00 元

　　国有企业科技创新取得了显著成绩，国有企业依托集团科技创新体系，发挥创新战略的统领作用，大力推进自主创新，取得了丰硕的科技成果，实现了一批世界级水平的重大创新突破，使我国技术发展取得跨越提升，我国国有企业成为具有全球竞争力和世界影响力的创新型企业。但是，向更高层次和水平发展还面临体制机制上的束缚，与国际一流企业相比，国有企业科技创新的动力与活力有待进一步增强，科技人员创新积极性有待提高，科技创新激励机制有待建立健全。本书聚焦国有科技型企业激励这一主题，站在国有企业智库视角，为国有企业科技型激励体系优化提供重要参考和决策指引。

　　《国有企业科技创新激励机制研究》依托国网能源研究院有限公司（简称国网能源院）青年英才项目，在明确国家全面深化科技体制改革提出的新要求下，摸清国有企业科技创新激励现状与不足，提出新时期新阶段国有企业科技创新激励的优化思路与重点举措、科技创新激励方式选择模型，并针对不同激励模式提出关键技术体系。

　　本书共分为5章。第1章科技创新激励政策形势与理论由常燕、汪涵主笔；第2章国有企业科技创新激励情况调查分析由汪涵、常燕主笔；第3章国有企业科技创新激励优化思路与重点举措由汪涵、常燕主笔；第4章国有企业中长期激励机制关键技术研究由常燕、汪涵主笔；第5章结论与建议由常燕主笔。全书由石书德精心指导，经张勇、王丹、何琬、李浩澜深入研讨，由常燕统稿，曾炳昕、代高琪校核。

在本书的编写过程中，得到了国务院国资委、中国科学技术发展战略研究院、中国石油、中国石化、中国普天、中国五矿、中国华能等政府及中央企业专家的指导，在此表示衷心感谢！

限于作者水平，虽然对书稿进行了反复研究推敲，但难免会存在疏漏与不足之处，恳请读者批评指正！

编著者

2021 年 3 月

目录
CONTENTS

科技创新激励政策形势与理论

1.1 科技创新激励政策

1.1.1 国有企业中长期激励政策支持力度日益增强

近年来，随着国资国有企业改革步伐不断加快，党中央、国务院陆续出台了一系列有关国有企业中长期激励的政策文件，鼓励推进国有企业开展多种形式的中长期激励、加大中长期激励的作用及效能释放，自上而下地对国有企业实施中长期激励加以规范。

一是在顶层设计文件中支持鼓励国有企业开展中长期激励。党中央、国务院在深化国有企业混合所有制改革、推进国有企业改革"双百行动"、创新驱动高质量发展等方面的顶层设计文件中，多次强调开展中长期激励的必要性、鼓励采用中长期激励手段激发人才活力、加强中长期激励机制的探索实施等。如在 2019 年 10 月颁布的《中央企业混合所有制改革操作指引》（国资产权〔2019〕653 号）中就专门对激励约束机制作出说明，"鼓励混合所有制企业综合运用国有控股混合所有制企业员工持股、国有控股上市公司股权激励、国有科技型企业股权和分红激励等中长期激励政策，探索超额利润分享、项目跟投、虚拟股权等中长期激励方式，注重发挥好非物质激励的积极作用，系统提升正向激励的综合效果"；同年 6 月下发的《国务院国有企业改革领导小组办公室关于支持鼓励"双百企业"进一步加大改革创新力度有关事项的通知》（国资改办〔2019〕302号）明确提出"'双百企业'可以综合运用国有控股上市公司股权激励、国有科技型企业股权和分红激励、国有控股混合所有制企业员工持股等中长期激励政策，不受试点名额限制"。

二是依据各类国有企业特点制定出台针对性政策文件。中长期激励的手段与方式有很多，但各类激励手段适用的企业条件、激励对象、激励效果各有不同。根据 2018 年全国国有企业改革座谈会上的界定，国有企业中长期激励主要包括员工持股、上市公司股权激励和科技型企业股权分红激励等方式。2006年，国务院国资委出台《国有控股上市公司（境内）实施股权激励试行办法》《国有控股上市公司（境外）实施股权激励试行办法》，在原有政策基础上针对国有控股上市公司作出了特别规定；2016 年，《国有科技型企业股权和分红激励暂行办法》《关于国有控股混合所有制企业开展员工持股试点的意见》两份文件先后下发，国有科技型企业股权和分红激励全面放开，混合所有制员工持股进入规范试点阶段。至此，国有企业中长期激励政策已全面覆盖国有控股上市公司、国有科技型企业、国有控股混合所有制企业，国有企业中长期激励政策法律环境日益完善，已具备进一步推广实施的政策条件。

相关文件的出台为公司推进中长期激励机制营造了良好的政策环境与氛围，也为公司实施中长期激励提供了规范性依据与要求，公司进一步推进中长期激励机制向纵横延伸已具备良好基础。

1.1.2　国有企业中长期激励机制探索实践日臻丰富[1]

随着国有企业中长期激励政策陆续出台，股权激励、分红激励、员工持股等相关措施落地生效，越来越多的企业开始根据自身实际，结合混合所有制改

---

[1] 本节中中央企业整体情况数据及各企业情况数据均来源于国务院国资委副主任翁杰明在 2018 年 5 月接受媒体采访通稿，参见 https://www.sohu.com/a/315725258_120004447。

革、"三项制度"改革以及企业转型升级等，探索实施多种形式的中长期激励，相关工作取得了较大进展。

一是开展中长期激励的企业数量逐年提升。在国有控股上市公司股权激励方面，截至 2019 年 5 月，共有 45 家中央企业控股的 92 户上市公司实施了股权激励计划，占中央企业控股境内外上市公司的 22.8%，主要分布在通信与信息技术、科研设计、医药、机械、军工、能源等行业领域；在国有科技型企业股权和分红激励方面，截至 2018 年底，已有 24 家中央企业所属科技型子企业的 104 个激励方案进入实施阶段，其中 2018 年新增 74 个方案，比上年增长 247%；在试点国有控股混合所有制企业员工持股方面，按照"成熟一户，推进一户"的原则，全国共选取了 181 户企业开展试点，中央企业层面 10 户试点子企业已经全部完成出资入股，地方层面的试点企业也完成了首批的出资入股，后续选择的企业正积极开展战投洽谈、资产评估、进场交易等工作。

二是国有企业中长期激励机制实施取得了良好效果。中长期激励在推动经营业绩提升、稳定核心人才队伍、激发员工创新活力等方面，为相关企业提供了极大支撑与帮助。截至 2018 年 5 月，国有控股上市公司实施股权激励 1 年以上的企业营业收入、利润总额、市值年均增长率分别达到 16.7%、14.6%、7.0%，明显高于整体水平；30 个已经完成首批激励兑现的国有科技型企业，利润总额和净利润增幅分别达到 41.6% 和 45.6%；国有控股混合所有制企业员工持股试点中，10 户中央试点企业 2018 年利润总额平均增幅 26%。业已开展中长期激励的企业均取得了非常亮眼的成绩，如航天科技航天工程装备有限公司实施股权激励 1 年来，不仅公司营收 2018 年同比增长 21.7%，企业对专业人才的吸引力也大大增强，其核心技术团队规模稳定增长，关键技术人员出现回流；中国电力科学研究院有限公司自 2016 年起通过实施岗位分红极大激励了科研人员的创新热情，2018 年，企业完成成果转化 68 项，2018 年以来获专利授权 541 项，企业效益也实现持续增长；A 股上市公司中国建筑集团有限公司实施股权激励的近 5 年年均分红达到 60 亿元，较上市后前 3 年增长 40 亿余元。

各类国有企业在中长期激励方面的探索与实践在助力自身企业发展进步的同时，也为其他企业提供了大量可供参考的范本，使它们在后续的实施过程中，可以借鉴成功经验，少走弯路，有利于中长期激励机制的顺利落地与推进。

1.2 科技创新激励理论

1.2.1 科技人员特征分析

在企业的创新体系中，科技人员具有高度的创造性，是体系中最核心也是最活跃的主体资源。科技人员作为企业内重要的创新主体和知识载体，可以为企业带来资本知识的增值，也成了影响企业生存和发展的重要资源。企业应该了解科技人员的特点和需求，通过对科技人员实施有效的激励，从而最大限度地提高科技人员进行的创新积极性和主动性。本书课题组通过对已有研究成果进行梳理，得出学者们对科技人员特点的不同见解，详见表 1-1。

表 1-1　　　　　　　　　　　　科 技 人 员 特 点

学者	观点
彭剑锋、张望军（2001）	知识型员工从工作中获得满足感，忠诚感更多针对于专业，需要常更新知识，希望在工作中有较大自由度和决定权
王竹青（2002）	追求生存性满足仍是企业高学历员工的第一需要，但他们较低学历员工有更强的发展性需要
李光丽（2002）	科技人员的工作特点包括工作目的在于创新，工作过程难以监控，工作结果难以衡量
王飞绒（2003）	科技人员具备较强的自主性、独立的价值观、较强的流动意愿，蔑视权威，渴望成就并且对知识交流有需求
冼静、张昊天（2003）	知识型员工具备专业素质，崇尚不断学习，自主意识强烈，关注自我价值，工作过程难以监控；流动意愿明显

续表

学者	观点
曹洲涛、段淳林（2005）	知识型员工基本特征包括创造性、个性化、团队性、工作价值难以衡量
张爱玲（2005）	科技人员掌握一定的专业知识和技能，具有较高的个人素质、较强的学习能力和创新能力，独立的价值观；科技人员的劳动过程、成果、考核都较复杂
张小莉（2006）	相对于普通员工，科技人员具有知识资本、创造性、自主性，工作结果不易加以直接测量和评价，工作过程难以监督和控制
吴海峰（2010）	基于石油工程企业创新型员工的视角认为，创新型员工应当具备良好的道德修养、积极的进取精神和探索能力、很强的好奇心和求知欲、合理的知识结构以及健康的体魄和心理素质
龙小兵（2012）	科技人员的特征为具有较高的专业知识素养、学习和创新能力突出、强烈的成就动机、较高的工作自主性、工作富有挑战性和创造性、流动倾向高、工作过程不能有效监控、成果难衡量
钱敏（2016）	科技人员一般具有创造性、独立性与竞争性、综合性与时效性等特点

综合上述学者们的研究成果，本书课题组从科技人员的**个人特点**、**工作特点**、**成长特点和需求特点**四个方面总结科技人员的特征。

（一）个人特点

一是具有相应的专业特长和较高的个人素养。专业特长和个人素养是科技人员的个性特征之一，他们普遍接受过系统的高等教育，知识也比较丰富，具备适应社会需求的技术，同时拥有较强的逻辑、判断、决策和创新能力，这也是企业科技创新得以激发的先决条件。

二是有很强的自我管理能力。张小莉（2006）[1]指出科技人员是企业富有活力的细胞，更倾向于能够通过自我引导、自我管理、自我监督、自我约束，灵活完成自己的工作。薛世杰（2010）[2]认为与企业的一般员工相比，科技人

---

[1] 张小莉. 基于群组层次分析的知识型员工激励模型研究［D］. 合肥工业大学，2006.
[2] 薛世杰. XG 集团科技人员激励机制构建研究［D］. 西安理工大学，2010.

员从事的是创造性工作，他们具有某种特殊技能，具有较强的独立自主意识。白贵玉（2016）[1]认为科技人员的自主性体现在独立完成工作的能力较强，科技人员能够按照企业战略方向的要求，利用自己独特的工作方式合理地安排进度。

因此，可以归纳出科技人员具有自主性的个性特点，他们不愿受物化条件的约束，更愿意突出自我，这种自主性来源于科技人员具备丰富的专业知识，他们不崇尚权威，依靠自己的技能和知识进行工作。

三是对实现自我价值有较高的追求。对自我价值的渴望也是科技人员的个性特点之一，科技人员具备高学历，视野更加开阔，与一般员工相比，他们具有独特的价值观。他们倾向于接受具有创造性、挑战性的工作，完成自己的工作内容可以让他们实现自我价值。

（二）工作特点

一是工作过程监控难。过程监控难主要是指科技人员没有规定的劳动过程。这种特点来源于其工作方式是以脑力劳动为主，其工作创新性的特点也要求必须发挥科技人员的主观能动性。他们的工作可能在任何时间和场所进行，不受时间和空间的限制。

二是工作结果衡量难。工作结果衡量难主要是指科技人员的工作成果转化周期长、成果鉴定考核难甚至是无法量化。出现这种特点主要是因为科技人员的成果如果得以转化为经济效益，一般也有较长的滞后期；即便存在快速转化为经济效益的情况，也存在难以分割核定的情况，例如在整体中某个部件的革新；另外，科技人员工作成果的出现形式通常是思想、创意、技术发明、管理创新等，所以并不像经济形态那样可以测量。

---

[1] 白贵玉，徐向艺，徐鹏. 知识型员工非物质激励与创新绩效的关系 [J]. 经济与管理研究，2016，37（05）：121 – 128.

三是工作流动意愿强。工作流动意愿强是指科技人员拥有较高的职业自主选择权。他们对于自身价值实现和个人发展考虑的优先级较高，并且占有特殊的生产要素，即知识。一旦现在的工作对他们的吸引力不够，他们会主动寻求新的就业机会。

（三）成长特点

一是关注职业发展。科技人员比一般员工更为关注职业发展，归根结底还是科技人员对于实现自身价值的需求强烈，他们希望通过自己的努力来获得更高的社会地位，为自己赢得荣誉，满足自己更高层次的需求。

二是求知欲较强。科技人员求知欲较强的特点主要体现在他们更看重企业所提供的培训条件和整个企业知识共享的氛围。从另一方面讲，这也是时代发展对他们的要求，对他们来说，知识是他们赖以生存的生产要素，只有不断更新知识才能紧跟时代发展。

（四）需求特点

科技人员不仅关注他们的薪酬福利水平，还注重是否被尊重以及是否实现了自我价值。科技人员的需求特点是不同层次、复杂多样的，他们同时对物质和精神都有较高的需求。当处于职业生涯的不同阶段时，他们的需求重点也不同，但是个性化的特点是始终存在的。

综上，对于科技人员来讲，他们的工作能力和需求，显示了其与普通员工的区别，虽然学者们对科技人员的这些特点描述不尽相同，但是通过归纳可以发现科技人员具有个人特点、工作特点、成长特点和需求特点四个方面的异质性特征。通过对科技人员特点的总结可以针对性地寻找科技人员激励因素，为构建科技创新理论模型奠定基础。

1.2.2　科技创新激励理论模型

（一）科技人员的激励因素分析

科技人员激励具有特殊性，这是由科技人员的特征决定的。多年来，众多国内外研究者对科技人员的激励进行了研究，研究从各种角度定性和定量地寻找激励因素，成果见表1-2。

表1-2　　　　　　　　　科 技 人 员 激 励 因 素

学者	观　点
玛汉·坦姆仆	挑战性的工作、个体和事业的成长、自主权、金钱
R.B rayton Bowen	提供选择、机会以及尊重他人来影响员工，使他们充满动力，帮助雇员实现个人目标和工作目标
彭剑锋、张望军	工资报酬与奖励、个人的成长与发展、国有企业的前途和有挑战性的工作、晋升机会、有水平的领导、工作的保障与稳定性等
吕文彬	企业可以从目标管理、参与管理、绩效薪金制、弹性福利制、双轨薪金制、弹性工作制和工作设计几个方面对员工进行激励
杨志、邓瀚深	消除人际冲突以促进人际关系和谐、创建高效率的团队
孙春雷	企业可以采取角色激励、参与激励、目标激励、信息激励以及奖励激励等手段，针对知识型员工的需要，实施有效激励
侯书森、岳华	对人才的开发可以采取如选拔、培训、使用等策略
赵曙明	工作自主性、个体化、多样化，工作本身的满足
孙建	岗位轮换与岗位招聘，使员工的工作内容丰富化、扩大化
杨春华	个人成长与发展、报酬、有挑战性和成就感的工作、公平、福利与稳定
康磊	设计合理的薪酬体系、注重公平性、注重知识型员工的长期职业发展、建立企业的员工文化
李艳	基本薪资、奖励薪资、附加薪资、福利性薪资、服务性保障、充分授权、委以重任、建立双重职业途径
严振雄、陈伟	关注个人成长、下放决策权、实行弹性工作制度、尽量提高知识型员工的工资、福利待遇
勾晓瑞	单位前景、管理制度、能力发挥和薪酬奖金

结合以上学者的相关研究成果，针对科技人员的特点并通过广泛调研访谈，本书课题组归纳提出四类主要的激励，分别为**经济激励、荣誉激励、成长激励和环境激励**。

1. 经济激励

经济激励是众多专家进行激励机制设计、优化都会重点关注的因素，一些专家甚至把经济激励作为最重要的激励因素，将其摆在首要位置。张小莉（2006）[1]总结国内外的激励方式，发现报酬激励是使用率最多的，包含工资、奖金、福利的增加和股权的分享等。吴海峰（2010）[2]认为薪酬福利是创新型员工依靠人力资本进行投资的主要动力；同时在非经济方面也有重要作用，是安全的保障、成就的象征。薛世杰（2010）[3]认为报酬是科技人员作为劳动者愿意付出劳动的直接需要和动机，仍是企业科技人员的重要需求因素，同时报酬的多寡是科技人员衡量自身价值的重要尺度。蒋申（2014）[4]认为物质薪酬激励对于国内科技人员来讲，仍然是最重要的激励因素之一，在全部激励因素中占据重要地位。

基于上述学者研究，我们认为经济激励包括员工的基本工资、绩效工资、福利奖金、津贴、医疗和股票期权等多种形式。经济激励不仅能满足科技人员对生活保障的需求，更是一种对科技人员所付出劳动的肯定和其工作的量化评价。结合国有企业适应国资国有企业改革的要求，在薪酬方面，要重点建立健全与创新绩效挂钩的差异化薪酬激励机制，让薪酬充分体现科研工作者的创新价值。在股权和分红激励方面，要继续建立健全中长期激励机制。

---

[1] 张小莉. 基于群组层次分析的知识型员工激励模型研究 [D]. 合肥工业大学，2006.

[2] 吴海峰. 企业创新型员工行为结构及需求研究 [J]. 商场现代化，2010（05）：111.

[3] 薛世杰. XG 集团科技人员激励机制构建研究 [D]. 西安理工大学，2010.

[4] 蒋申. 外资企业知识型员工激励研究 [D]. 北京交通大学，2014.

2. 荣誉激励

荣誉激励被认为是与经济激励同样重要，也是常用的激励方式，是一种精神激励方法。很多专家在研究非物质激励时都会着重考虑荣誉激励。周县委（2010）[1]认为荣誉感激励是一种纯精神层面的激励，可以满足对自我实现的渴望，主要包括表扬、嘉奖、授予荣誉称号等。马桂（2011）[2]认为企业对科技人才的工作绩效应进行客观、公正、透明的衡量，同时给予上司对他的肯定与赏识，以满足科技人员的个人成就感和荣誉感。龙小兵（2012）[3]在研究 IBM 的创新绩效时指出，IBM 通过百分之百俱乐部活动，提高员工荣誉感，提升了广大员工的生产积极性，还将团队的因素也考虑进去，增加了员工的集体荣誉感和团队精神。

基于上述学者研究，我们认为荣誉激励包含授予奖项、荣誉称号，评选科技领军人才、先进工作者及各类项目奖项，同时要建立公平、公正的评价体系。追求荣誉是科技人员实现自我发展、自我实现的需要，这种需要的满足是经济激励的重要补充。从经济学角度来讲，工作合同无法对工作质量做出规定，保质保量完成工作是基于相互信任，而相互信任是建立在多次重复交易基础上的，长期信任就形成了荣誉，所以荣誉激励是契约诚实履行的重要保证。

3. 成长激励

尽管众多研究对科技人员激励要素的分析各执己见，但是对于科技人员群体来说，良性的个人成长是其重要诉求。国务院发展研究中心"中国企业人才优先开发战略研究"课题组也在调查中发现，我国科技人才最担心的工作情景是得不到学习和提高的机会。许多专家也十分关注个人成长对科技人员的激励。马桂（2011）[2]认为，能源企业应当注重企业的内部培训，更多地提供培

[1] 周县委. 心理契约视角下知识型员工激励模型研究 [D]. 山东大学，2010.

[2] 马桂. 能源企业科技人才技术创新激励研究 [D]. 西北大学，2011.

[3] 龙小兵. 知识型企业员工非物质激励机制与创新绩效研究 [D]. 中南大学，2012.

训的机会，构建起培训体系，给予员工持续不断再学习开阔视野成长的机会；在晋升机制上设置双轨制，一条为科技轨道，另一条为管理轨道。吴海峰（2011）❶认为在创新型员工的职业发展中，其能力和素质逐渐向最高层次运动，其职业晋升路径也应该设置成逐渐向关键岗位和核心岗位运动的趋势；个体成长是创新型员工最重要的需求因素，创新型员工由于依靠自身独特的人力资本创造财富，这使他们更加看重能够促进他们不断发展的工作，以不断丰富自己的知识、提高自己的工作经验和阅历。高云（2016）❷认为培训是为了促使员工能够更好地适应并胜任工作，从而提高生产力和竞争力，实现组织发展与个人发展的同步，其主要目的是希望通过培训极大地激发员工的工作热情；通过晋升机制，一方面可以促使员工能够更好地努力工作，提高组织的生产力和竞争力，另一方面晋升也能很好地将个人发展目标与企业发展目标统一起来，从而实现组织发展与个人发展的双赢局面。

基于上述研究，我们认为成长激励主要包括定期培训、知识共享、晋升通道等在内的有助于员工职业发展和提升自身知识水平的激励方式。实施成长激励是企业实现科技创新能力提升的有效途径，主要包含两方面主要内容：一是要为科技人员设计稳定、畅通的职业发展通道，职业发展通道的丧失会造成员工对企业失去信心，增强科技人员的流动意愿，企业的科技创新就无从谈起；二是要实施基于职业发展规划的学习培训计划，科技人员作为企业科技创新的主力军，其创新能力的培养至关重要，而教育培训是一个很好的培养方式。

4. 环境激励

环境激励在结构层次上分为表层的物质表现和深层的价值观念，薛世杰（2010）❸认为工作和生活环境的好坏是影响科技人员工作积极性和工作效率的

---

❶ 吴海峰. 企业创新型员工行为结构及需求研究 [J]. 商场现代化，2010（05）：111.

❷ 高云. HW 国有企业知识型员工的激励模型研究 [D]. 西安建筑科技大学，2016.

❸ 薛世杰. XG 集团科技人员激励机制构建研究 [D]. 西安理工大学，2010.

重要因素。环境因素不仅包括物质因素，如工作条件和工作环境，还应包括体现公正公平、自由和谐、肯定个人价值、鼓励创新、信息通畅、知识共享的企业文化。吴海峰[1]（2010）认为创新型员工更加重视企业的战略目标、核心价值观和精神理念，更加重视企业管理者的领导风格和人格魅力。因此，企业文化也具有一定的激励作用，能引发创新型员工更高层次的心理满足。刘梅芳（2013）[2]认为企业文化还会对知识型员工的创新行为产生一定的道德约束，通过群体行为的压力来规范知识型员工的创新行为。王三银（2015）[3]认为领导支持有利于组织创新气氛及员工主动性人格的形成，对员工创新行为存在显著的正向影响。硬性的环境条件是科技人员的工作基础，而非硬性的环境则是潜在的激励力量，能够对科技人员的工作行为和态度产生潜移默化的影响和引导。

基于上述研究，我们认为环境激励主要包括员工工作的硬环境与软环境，硬环境是指办公设施、工作条件等，软环境包括组织氛围、国有企业制度、企业文化及企业形象等，环境激励的大小在一定程度上代表了科技人员对整个企业科技创新氛围的感知。对于国有企业来讲，国有企业为科技人员提供了优良的硬环境，但软环境建设仍需加强，要形成包容的创新氛围，减少科技人员事务性工作。

从现有学者对科技人员激励方式的研究来看，其内容几乎都包含在物质激励和非物质激励的范畴之中，结合本课题研究需要，针对国有企业而言，我们从经济激励、荣誉激励、成长激励和环境激励四种激励来考虑。其中经济激励作为基础性的激励方式，是科技人员的固定保障，荣誉激励、成长激励和环境激励是有效补充，满足科技人员高层次需求。

---

[1] 吴海峰. 企业创新型员工行为结构及需求研究 [J]. 商场现代化，2010（05）：111.

[2] 刘梅芳. 企业文化在企业管理中的作用 [J]. 生产力研究，2013（11）：151–152，167.

[3] 王三银，刘洪，刘健. 创新氛围对员工创新行为的影响机制研究[J]. 现代管理科学，2015（07）：9–11.

（二）科技人员激励理论框架

四种激励因素都是以科技人员的特点为基础，通过满足科技人员不同层次的需要（生理、安全、爱和归属、尊重、自我实现），形成包含薪酬分配、绩效考核、职业发展以及创新文化在内的科技创新激励机制，从而给科技人员创造一种工作满足感、企业忠诚度和工作热情，进而达到提高企业绩效、提高员工素质、释放创新活力的目的。基于上述分析，提出科技人员激励理论结构模型，如图1-1所示。

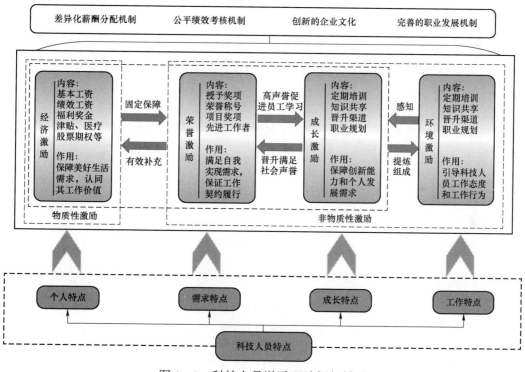

图1-1　科技人员激励理论框架模型

针对科技人员理论框架模型做如下解释：

经济激励是一种物质激励，可以满足科技人员的物质需求，对于满足科技人员基本生活起到至关重要的保障作用，是员工工作的基本报酬和对其工作的肯定。合理的经济激励也是对员工价值的肯定。所以必须给予科技人才足够的收入保障，他们才可以没有后顾之忧，全身心地投入到科技创新中去，进而不断提高企业的科技创新水平，就现阶段而言，经济激励仍然是首要的激励方式。

荣誉激励是一种契约履行的保证，可以满足科技人员强烈的自我满足需求，需要实现技术理想、成就事业、同行肯定、声誉提高等。想要提高并激发科技人员的工作热情和创造性，产生带动效应和示范效应，就必须对优秀的科技人员给予精神肯定和表彰宣传。

成长激励是科技创新的有效途径，其作用主要体现在可以满足科技人员对知识更新和职业发展的需要，知识和能力是科技人员赖以生存的基础。随着时代发展、科技和知识的迭代更新，相比一般员工，科技人员对于自身能力的提高和各种资本的积累有着更强烈的需求。因此，有必要建立完善的晋升机制，晋升激励有助于提高员工的创新工作态度，晋升期望越高，员工整体的创新行为表现就越好；晋升激励会影响科技人员的工作满意度，职务赋予了科技人员较高的成就感及声誉等，满足了科技人员尊重与自我实现的需求；晋升制度的确立有利于提升科技人员的创新能力，激发科技人员通过自我学习表现改善自己的创新行为，不断提升自己的业绩。

环境激励体现科技创新氛围的感知，环境激励能够充分调动科技人员的主动性、积极性和创造性，最大程度激发创新活力，从而创造更多社会价值；企业文化能够影响员工之间的知识共享行为，和谐的企业文化可以促进科技人员之间的知识共享与相互学习，进而提高员工的创新能力；良好的员工关系可以促进员工之间的相互信任、自愿合作和奉献，进而促进科技人员之间的沟通交流和感情增进、知识共享和知识转移；而领导对科技人员创新行为的支持，向员工传递一种组织价值观与文化，即创新是组织期望和重视的行为。

从四种激励的相互关系角度考虑，四者之间并不是相互孤立的，而是彼此之间存在着相互的联系。经济激励作为科技人员最为重视的因素，起到保障科技人员生活的作用，是荣誉激励、成长激励和环境激励三种非物质激励的基础，能有效保障三种非物质激励的激励效果；而三种非物质激励可以满足科技人员更高层次的需求，进一步激发科技人员创新活力，是对经济激励的有效补充。三种非物质激励之间也存在着联系，当进行荣誉激励时，例如授予荣誉称号会使科技人员产成满足感和责任感，科技人员为体现自己荣誉称号的价值，会自动地产生继续学习的愿望，当这种愿望被满足时，成长激励的效果就会扩大；同样，在进行成长激励时，例如科技人员的职业得到晋升，会使科技人员的社会地位和声誉得到提高，产生成长激励与荣誉激励的双重激励效果。因此，经济激励、荣誉激励、成长激励与环境激励四种激励不能割裂进行，而是一个相得益彰的体系。

在四种激励的层次结构上，经济激励作为满足科技人员物质需求的主要激励手段，是最基本、最底层的激励方式。按照马斯洛需求理论，如果这些基本需求得不到满足，那么科技人员在这个社会的生存就难以保障，进行科技创新更是无从谈起；只有这些需求得到满足其他需要才能成为新的激励因素。**环境激励是紧跟经济激励的另外一种重要激励方式，其作用处于第二层**。处于这一层次的科技人员更加关注身边人员，和谐的组织关系、创新的企业文化都会使员工耳濡目染地从事创新工作。**成长激励是科技人员环境激励得到满足后更高一级的驱动力**，在这一层次的员工更加关注自身的晋升机会，较高的职务可以体现其价值，同时也会有更高的薪酬需求；此外他们便会追求自身的成长。现阶段是一个知识快速更新的时代，知识作为科技人员的谋生手段，得到科研人员更多的关注，他们希望能及时更新自己掌握的信息来避免自己被淘汰，员工还会关注自身的职业发展，较高的职务可以体现其价值，同时也会带来更高的薪酬。**最高层次的激励是荣誉激励**，荣誉激励集中体现了科技人员对自我价值的追求，它能使得科技人员即使没有制度约束，也能忠实地履行自身科技创新的任务。

1.3 科技创新激励实践

1.3.1 国内外企业激励机制实践

自 2016 年 3 月印发《国有科技型企业股权和分红激励暂行办法》（财资〔2016〕4 号）起，国有科技型企业股权和分红激励政策向全国推广，至今实施 4 年多。在此期间，有关部门又先后出台了《关于做好中央科技型企业股权和分红激励工作的通知》（国资发分配〔2016〕274 号）、《中央企业科技型企业实施分红激励工作指引》（国资厅发考分〔2017〕47 号）、《关于扩大国有科技型企业股权和分红激励暂行办法实施范围等有关事项的通知》（财资〔2018〕54 号）等文件，进一步为中央科技型企业开展股权和分红激励工作提供了有效的政策指导。科技创新激励机制一直是国内外各大公司的关注重点，通过分析它们的科技创新激励举措，能够为国有企业在构建科技创新激励机制时提供借鉴。

本文课题组通过座谈会和访谈调研等方式，先后调研了 8 家中央企业❶中从事股权和分红激励工作有关的管理人员，并调研了 3 家研究机构❷中长期从事国有科技型股权和分红激励政策研究的专家，在此基础上分析政策实施的现状和存在的主要问题。总的来看，国有科技型企业试点单位以分红激励为主，且多数为岗位分红，而股权激励主要是采用股权出售的方式；试点单位主要为成立超过 3 年的集团二三级及以下中小企业，其中实施股权激励的企业主要为三四级企业，且成立时间较短；在激励对象中，核心科研人员数占比达到 90%

---

❶ 主要包括中国石油、中国石化、中国海油、国家电网、中国大唐、中国电科、中国五矿和中国普天中央企业内部有关单位。

❷ 主要包括中国科学技术发展战略研究院、中国石油经济技术研究院、中智人力资本咨询等。

以上，充分体现了向骨干科技人员倾斜的激励导向。从政策实施的效果看，试点单位通过股权和分红激励，在一定程度上调动了科研人员的积极性，减少了核心员工流失，加速了科技成果转化，提升了企业经济效益。但同时，现有政策在实施中存在一些问题和现实障碍。

1.3.2　实践启示及政策问题分析

目前，国资委对中央科技型企业激励的思路是优先开展岗位分红，稳妥实施股权激励。因此，目前中央企业开展股权和分红激励，呈现出以分红激励为主、向核心技术岗位倾斜等特点。企业在选择激励方式时，一般需要从企业本身资质条件出发，综合权衡企业自身的特征、激励效果、风险控制等维度因素进行选择，不同主体单位选择不同的股权和分红组合策略。

一是关于中央企业激励方式选择上，一般而言，规避风险是中央企业首要考虑的因素，在此基础上，科研单位前期采取以岗位分红为主的激励方式，逐渐过渡为开展激励针对性更强、激励幅度更大的项目收益分红方式。对于从事基础科研的单位而言，一般选择岗位分红；对于产业化的单位而言，可以从岗位分红入手，逐步过渡到项目收益分红，或者直接选择项目收益分红，在企业科研成果转化的过程中，辅之以股权激励的方式。而股权激励一般用在新设的小微企业，可采取股权激励的方式吸引和留住人才，为规避国有资产流失风险，建议可采取股权出售和股票期权两种形式。

二是企业激励分红方案的确定一般遵循以下原则。**首先**，在确定了企业激励分红方式之后，需要确定激励对象。对于岗位分红而言，不同企业性质的单位可以根据单位的战略目标和发展方向，选择合适的人才；对于基础科研型单位而言，可以选择关键核心人才作为重点激励对象；对于产业型单位而言，选择与成果转化直接相关的人员作为重点激励对象。**其次**，要确定激励额度。激励额度可以与企业利润和企业经营收益相关，也可以与两者都相关，激励额度只要不超过财资〔2016〕4 号中对激励额度上限的要求即可。**最后**，要确定激励分配的原则，在总额度确定的原则下，结合不同单位的不同考核体系，确定激励分配的比例。**对项目收益分红而言**，首先需要锁定分红的项目，企业一般围绕着核心科技进行选择，选取具有代表性，能反映企业核心竞争力的科技项目，所选择的项目在执行过程中还必须符合财资〔2016〕4 号中对项目收益分红所规定的会计和财务要求；其次确定项目分红的对象，一般选择与项目成果转化直接相关的科技人员；再次确定激励的总额，根据在遵循财资〔2016〕4 号对项目收益分红激励额度提取的原则下，结合企业未来发展诉求及有效激发科技人员活力两个关键要素，确定提取比例；最后根据项目中不同科研人员的贡献大小确定分红的比例。**对于股权激励而言**，根据企业成立时间、企业规模大小等确定股权激励方式，股权的选择对象一般绑定与公司战略发展目标一致员工，股权的授权总量及行权价格不能超过财资〔2016〕4 号中要求的内容。

三是中央企业开展股权和分红激励的实践中，主要有以下几点特征。关于**岗位分红**，开展岗位分红的企业，目前政策的锁定期是 3 年，时间周期太长，而且人员一旦确定是不能随意改动的，这不符合企业的实际；岗位分红更多的是一种荣誉激励，对员工的经济激励的作用有限，对于不需要这种荣誉的员工，很难达到留住员工的目的；岗位分红对于没有选定岗位分工的人员是一种负向激励，因为员工处于成长的过程中，但是岗位分红锁定了分红人员以及时间周期，所以不利于灵活机动地开展分红，也不利于激发其余员工的积极性；如何确定岗位分红的对象，难度相当大，而且存在不公平、不公正的现象，有些单位的岗位分红偏向于业务部门负责人，业务部门负责人本身可能不需要岗位分红的激励，但是国有企业中存在的"论资排辈"的现象，很难把激励落实到真正需要激励的人身上。关于**项目收益分红**，其难点主要体现在科技成果定义、科研成果转化净收益评估、内部利益平衡及对制度的理解等。目前按照《转化法》，科技成果是指"通过科学研究与技术开发所产生的具有实用价值的成果"，职务科技成果是指"执行研究开发机构、高等院校和企业等单位的工作任务，或者主要是利用上述单位的物质技术条件所完成的科技成果"。对企业而言，这个定义太笼统，没有包括科技成果的项目来源、对公司的重要性、先进性、应用时限、知识产权归属及具体形式等重要内容，难以操作；科研项目收益的分红奖励是基于科研成果转化的净收益数额，但是在实际测算中存在较大困难，尤其是技术服务、技术咨询的净收益难以确定。目前开展项目收益分红的企业只对技术转让、许可和新产品销售等相对较易测算净收益的科技成果转化方式进行分红激励；科技成果产生和转化是整个创新链条工作人员共同努力的结果，一些大型的、重要的科研项目及科技成果涉及了成百上千，甚至上万名员工，是多个部门协作的结果。如果项目收益分红只考虑主要完成人员、核心骨干和相关推广转化人员，忽视基础研究、试验服务等部门人员，会导致内部利益相关者不满和抵触。**关于股权激励**，股权激励实施门槛较高，一些企业前期科研投入较大，尚未实现盈利或业绩增长不太明显，对实施股权激励的需求明显，且受经营业绩限制而无法实施股权奖励和出售；中央企业股权激励政策实施需要受到国有资产部门管理，审批周期较长。在政策方面，虽然党中央、国务院提出了有序推进混合所有制企业改革，允许科研人员个人入股，企业可以进行股权或期权奖励。但由于一直没有具体政策和操作细则出台，所以导致当前企业难以立即实施股权和期权激励，只能通过变通方式，通过占用企业工资总额的方式进行，激励及时性和有效性难以到位。在企业中，存在集团企业间和部门间利益冲突、国有资产流失、历史遗留问题、操作难度大等难题，同时主管领导不能享受股权激励政策，造成了部分单位参与股权激励试点积极性低的问题。

四是政策在实施过程中，存在以下现实的问题和障碍。政策实施范围仍然偏窄，一方面新业务领域的国有科技型企业在起步阶段难以实施股权和分红激励；另一方面国有控股上市公司下属科研单位和国有非上市公司下属分公司科研单位难以实施股权和分红激励。**政策实施约束条件设置有待完善**，首先，要求经营业绩增长的规定与科研单位的功能定位不相符；其次，"以一种方式为主"的规定限制了选择多种方式组合激励；最后，对激励额度和比例的限制难以满足核心员工的激励需求。**企业固有思维和习惯影响**，一方面岗位分红方案按 3 年有效期执行，且集团严格管理入选员工名单；另一方面不同身份的员工难以一视同仁地参与股权和分红激励。**实际操作存在顾虑和困难**，一方面担心国有资产流失，采用股权激励方式的动力不足；另一方面激励方案在实际操作中存在现实困难。

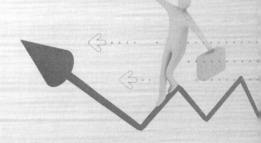

2

国有企业科技创新激励情况调查分析

2.1 调查研究基本情况

采取问卷调查研究的研究方法，对国有企业科技创新激励现状开展了两轮调研。其中，第一轮是预调研，2017 年 11 月开展，用于初步摸底和完善问卷；第二轮是全面调研，2018 年 4 月开展，本研究主要是基于第二轮调研的数据分析。

（一）第一轮问卷调查

问卷共设有 47 道题目，采用主客观题相结合的形式，主要考察国有企业科技创新激励机制和科技创新管理的问题，内容重点是科技创新激励存在的问题及问题成因、对策建议等。

问卷结构： 调研问卷分为"企业发展基本信息""企业科技创新激励机制综合调查"和"企业创新管理情况调查"三个部分。

问卷发放： 共计发放问卷 418 份，收回问卷 284 份，回收率为 68%。其中有效问卷 267 份，无效问卷 17 份，有效回收率为 64%。无效问卷包括空白问卷和漏答题数超过 2/3 的问卷。

第一轮调研为预调研，主要目的是通过初步分发问卷了解问卷设计是否合理、调研方式是否得当等。对初次问卷调研情况及结果进行分析表明，第一轮问卷调查内容设计不够凝练、调研问题过于复杂，有些参与调研的科技人员对问卷部分问题了解不深，不能很好地反映科技人员状态及国有企业的激励现状，调研结果真实度和有效性不高。为了使调研结果更加具有真实性和有效性，课题组对问卷进行了修改完善后展开了第二轮调研。

（二）第二轮调研问卷

问卷共设有 33 道题目，全部采用客观题的形式，对国有企业科技人员工作状态与激励情况展开调研。

问卷结构：问卷主要包括"科技人员的工作状态调查""科技人员对科技创新激励的诉求调查"和"企业科技创新激励机制和情况调查"。

问卷发放：采取匿名问卷调查，通过微信 App 的方式向各单位转发。有效填写人次为 1102 次。

调研对象：国有企业的软科学/设计单位、研究开发单位、产业单位等。所选调研对象多为从事科研的一线工作者。其中，研究开发单位为 97.64%；软科学/设计单位人员本身数量少一些，占比 2.36%。

2.2　科技人员激励现状与问题分析

2.2.1　激励总体情况

（一）所在单位激励机制对科研人员需求的满足情况

大多数科研人员认为其所在单位的激励机制仅能够基本满足或无法满足自身需求。其中，工作 1～10 年、学历较高的年轻人对于激励机制的不满表现得较为突出。根据调研数据，有 66.07% 的人员认为当前的激励机制仅能基本满足或不能满足自身需求，仅有 8.35%的人员认为当前的激励机制完全能够满足自身需求。详细数据如图 2-1 所示。

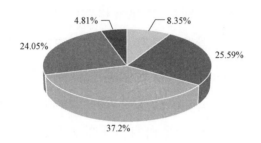

■ A. 完全能够满足　■ B. 能够满足大部分需求　■ C. 基本能够满足　■ D. 不太能够满足　■ E. 完全无法满足

图 2-1　所在单位激励机制对科研人员需求的满足情况

从单位性质上看，**研究开发单位的激励机制对科研人员需求的满足程度明显低于其他类型单位，**有 34.61%的人员认为当前的激励机制完全不能或者不太能够满足自身需求，仅有 26.93%的人员认为自己的大部分需求或所有需求得到满足；**软科学/设计单位满意度则呈现两极分化特征，**虽然有 36.91%的人员认为当前的激励机制完全不能或者不太能够满足自身需求，在各类单位中占比最高，但同时有 32.14%的人员认为所在单位激励机制能够满足大部分或者完全满足自身需求，占比同样高于其他类型单位。详细数据如图 2-2 所示。

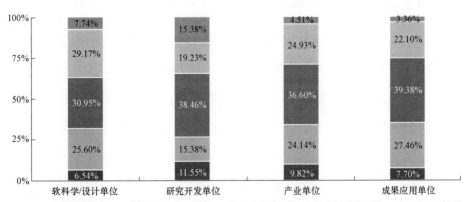

■ A. 完全能够满足　■ B. 能够满足大部分需求　■ C. 基本能够满足　■ D. 不太能够满足　■ E. 完全无法满足

图 2-2　不同性质科研单位激励机制对科研人员需求的满足情况

从工作年限上看，**所在单位激励机制对科研人员需求的满足程度比例随着员工工作年限的增加呈上升趋势**。工作时间 **1～5 年、5～10 年的科研人员对于激励机制不满的比例最高**，分别有 33.09%和 32.74%的人员认为激励机制完全不能或者不太能够满足自身需求，只有 28.09%和 27.81%的人员认为激励机制能够大部分满足或者完全满足自身需求；**工作年限在 20 年以上的人员满足程度则较高**，不仅无人认为所在单位的激励机制无法满足自身需求，且认为激励机制能够大部分满足或者完全满足自身需求的人员在半数以上。详细数据如图 2－3 所示。

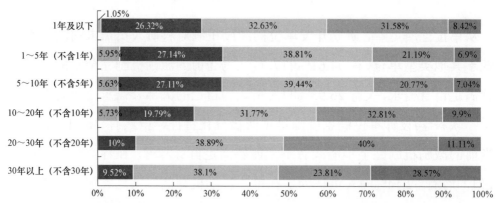

图 2－3　所在单位激励机制对不同工作年限科研人员需求的满足情况

从年龄分布上看，**所在单位激励机制对 30～40 岁之间的人员需求满足程度最低**，有 6.04%的人员认为激励机制完全无法满足自身需求，认为能够完全满足者仅占比 7.28%；**50 岁及以上的人员需求满足程度最高**，不仅无人认为激励机制完全无法满足自身需求，认为能够完全满足者的比重也达到了 22.22%。详细数据如图 2－4 所示。

从学历分布上看，**所在单位激励机制对员工需求的满足程度随着学历的提升呈下降趋势**，博士学历科研人员的满足程度明显低于硕士及本科学历人员，

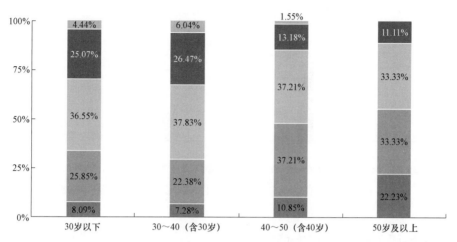

图2-4 所在单位激励机制对不同年龄科研人员需求的满足情况

其中认为激励机制完全无法满足自身需求或不太能够满足自身需求者占比分别为9.03%和31.61%，认为能够大部分满足或者完全满足自身需求者仅有24.52%。详细数据如图2-5所示。

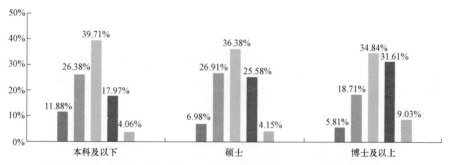

图2-5 所在单位激励机制对不同学历科研人员需求的满足情况

从部门分布上看，**所在单位激励机制对科研部门人员需求的满足程度明显低于非科研部门人员**。科研部门和非科研部门中分别有30.95%和37.73%的人认为当前激励机制能够完全满足或大部分满足自身需求，分别有31.61%和25.36%人感到激励机制不太能够或者完全不能满足自身需求。详细数据如图2-6所示。

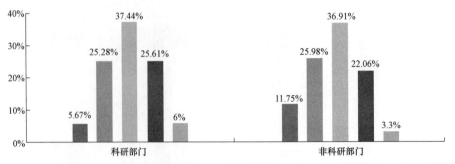

图2-6 所在单位激励机制不同部门科研人员需求的满足情况

（二）科研人员工作状态情况

从整体上看，**大部分科研人员工作状态总体较为积极**。但是，仍有不少人员工作积极性不高，有16.52%的科研人员认为自己只能保证达到基本要求，有7.35%的人认为自己上班缺乏动力或已在考虑离职。详细数据如图2-7所示。

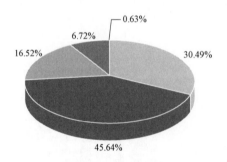

- A. 很好，我每天上班很有积极性，工作效率非常高，很喜欢这份工作
- B. 较好，我每天上班比较有积极性，工作效率较高，认为这份工作还不错
- C. 一般，只是保证按时上班、按时完成工作，认为这份工作还可以
- D. 较差，我上班缺乏动力，工作效率一般，长此以往会想要离职
- E. 很差，我不愿意上班、不愿意工作，已经在考虑离职

图2-7 科研人员工作状态整体情况

从单位性质上看，**研究开发单位人员的工作状态不佳的比例相比其他单位要大一些**，从统计数据看，研究开发单位人员工作状态不佳的比例最高，上班缺乏动力或已在考虑离职者占比高达23.08%，还有15.38%的人员只能达到基本要求，即有38.46%的人员工作状态不佳。详细数据如图2-8所示。

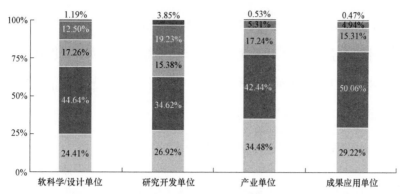

A. 很好，我每天上班很有积极性，工作效率非常高，很喜欢这份工作
B. 较好，我每天上班比较有积极性，工作效率较高，认为这份工作还不错
C. 一般，只是保证按时上班、按时完成工作，认为这份工作还可以
D. 较差，我上班缺乏动力，工作效率一般，长此以往会想要离职
E. 很差，我不愿意上班、不愿意工作，已经在考虑离职

图 2-8　不同性质科研单位人员的工作状态

从工作年限上看，**工作 5～10 年的科研人员工作状态不佳的比例最高**。工作年限在 1～5 年的人员中，认为自己上班动力不足或已在考虑离职的人员占比达到 9.77%；工作年限在 5～10 年的人员中，工作状态一般及以下的比例接近 30%。详细数据如图 2-9 所示。

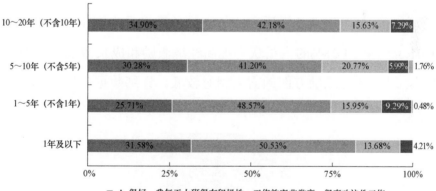

A. 很好，我每天上班很有积极性，工作效率非常高，很喜欢这份工作
B. 较好，我每天上班比较有积极性，工作效率较高，认为这份工作还不错
C. 一般，只是保证按时上班、按时完成工作，认为这份工作还可以
D. 较差，我上班缺乏动力，工作效率一般，长此以往会想要离职
E. 很差，我不愿意上班、不愿意工作，已经在考虑离职

图 2-9　不同工作年限科研人员的工作状态

从学历分布上看，**随着学历层次的提升，科研人员的工作状态不佳的比例**

逐渐增大。博士及以上学历人员中，有 33.55% 的人员工作状态不佳，其中工作状态只能达到基本要求、缺乏动力和已在考虑离职者分别占比 18.71%、11.61% 和 3.23%；本科及以下和硕士学历人员中，此类人员分别占比为 21.15% 和 22.75%。详细数据如图 2−10 所示。

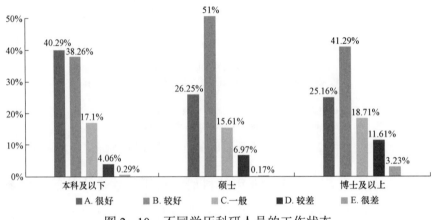

图 2−10 不同学历科研人员的工作状态

（三）科研人员对所在单位激励机制的整体需求情况

多数科研人员对于经济激励和成长激励的需求最为突出。根据调查结果，分别有 41.38% 和 31.58% 的人员认为提高经济激励和成长激励的水平最符合自己的期望，对于环境激励方面的需求相对较低。详细数据如图 2−11 所示。

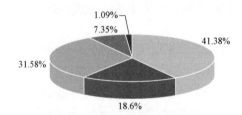

■ A. 提高经济激励力度，提供更多的经济激励方式
■ B. 增加荣誉称号和成果奖项数量，提升获奖者在本单位的影响力
■ C. 有更多的晋升和岗位锻炼机会，职业发展通道更加清晰畅通
■ D. 改善工作环境、加强员工关怀，使工作和家庭生活更加平衡
■ E. 其他

图 2−11 科研人员对所在单位激励机制的整体需求情况

从单位性质上看，**各类型单位科研人员的需求较为相似。**相比较而言，研究开发单位的人员在经济激励和成长激励两方面的需求均表现得较为突出，软科学/设计单位的人员则相对更加倾向于经济激励，成果应用单位对于经济激励、荣誉激励和成长激励的需求则较为平均，产业单位则更加关注经济和成长方面的激励。详细数据如图 2-12 所示。

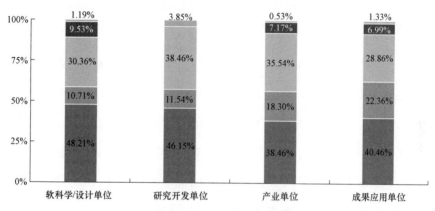

■ A. 提高经济激励力度，提供更多的经济激励方式
■ B. 增加荣誉称号和成果奖项数量，提升获奖者在本单位的影响力
■ C. 有更多的晋升和岗位锻炼机会，职业发展通道更加清晰畅通
■ D. 改善工作环境、加强员工关怀，使工作和家庭生活更加平衡
■ E. 其他

图 2-12　不同单位性质科研人员对所在单位激励机制的整体需求情况

从所在部门上看，**科研部门人员更加追求经济激励诉求最高，非科研部门人员则同时需要成长激励和经济激励的诉求并重。**科研部门中，有 46.35%的人员认为提高经济激励水平更为重要，占比远高于选择其他激励方式的人员；而在非科研部门中，需要成长激励的人员占比更高，但比例与需要经济激励的人员相近，分别为 36.29%和 35.05%。详细数据如图 2-13 所示。

从职务分布上看，**各级人员都看重经济激励和成长激励，但相比而言，科级及以上人员对经济激励的诉求要高于副处级及以上，处级人员对成长激励的诉求要高于其他人员。**根据调研结果，处级人员对于经济激励的需求明显低于

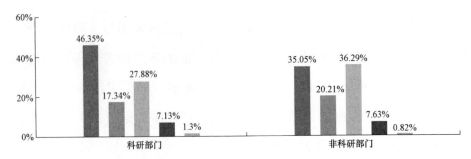

图 2-13　不同部门科研人员对所在单位激励机制的整体需求情况

其他职务人员,仅占比 23.08%,但分别有 38.46% 和 23.08% 的人认为成长激励和环境激励最为重要,远高于其他职务人员;副处级人员对于经济和成长激励的需求相当,各占比 33.33%;科级人员的经济激励需求略高于成长激励需求,分别占比 39.13% 和 34.78%;副科级人员中有 26.98% 的人认为荣誉激励最重要,占比高于其他级别人员;无职务人员则更加需要经济激励,将经济激励摆在首位的人员占比 43.26%。详细数据如图 2-14 所示。

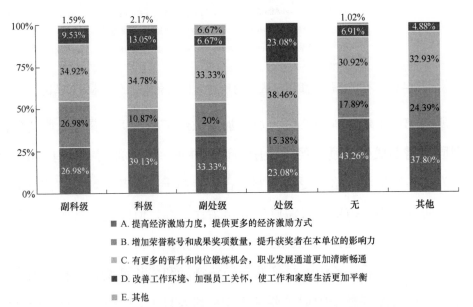

图 2-14　不同职务科研人员对所在单位激励机制的整体需求情况

从学历分布上看,**科研人员对经济激励的需求比例随学历逐步提升,对荣**

誉、成长激励的需求比例则逐步下降。根据调研结果，博士及以上人员对于经济激励的需求最为突显，有54.19%的人员将经济激励摆在第一位；而对于本科及以下人员来说，经济激励与成长激励几乎同等重要，分别有36.23%和32.17%的人员选择了以上两种激励方式。详细数据如图2-15所示。

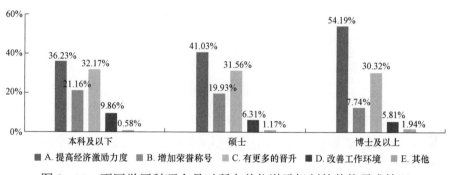

图2-15 不同学历科研人员对所在单位激励机制的整体需求情况

2.2.2 经济激励

（一）科研人员对薪酬水平的满意情况

近半数的科研人员对薪酬水平感到不满，有47.37%的科研人员对自己目前的薪酬水平感到不满，认为自己的工作付出与薪酬水平并不相匹配，其中对薪酬水平感到很不满或非常不满的人员占比分别为6.72%和3.63%。详细数据如图2-16所示。

从单位性质上看，软科学/设计单位人员对薪酬水平的不满意程度最高。在软科学/设计单位和研究开发单位中，分别有54.16%和57.69%的人员对薪酬水平感到不满，其他性质单位人员的这一比例均在50%以下。详细数据如图2-17所示。

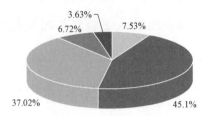

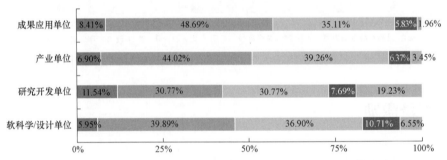

图2-16 科研人员对薪酬水平的满意情况

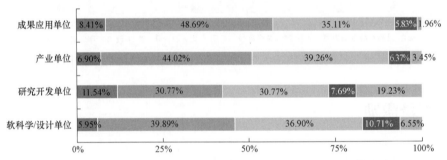

图2-17 不同性质单位科研人员对薪酬水平的满意情况

从学历分布上看，**随着学历层次的提升，科研人员对薪酬的满意程度比例不断下降**。其中，在博士及以上、硕士、本科及以下学历的人员中，分别有61.29%、46.18%、43.19%的人员对薪酬水平感到不满。详细数据如图 2-18 所示。

从年龄分布上看，**30～40 岁的科研人员对薪酬水平满意度最低，50 岁及以上的科研人员满意度最高**。各年龄段人员中，分别有 41.52%、54.00%、36.43%、44.45%的人员对薪酬水平感到不满。详细数据如图 2-19 所示。

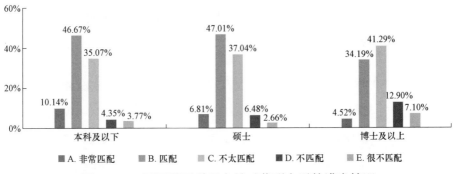

图 2-18 不同学历科研人员对薪酬水平的满意情况

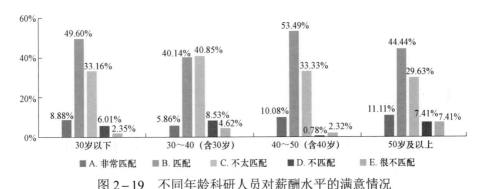

图 2-19 不同年龄科研人员对薪酬水平的满意情况

（二）科研人员薪酬水平的竞争力情况

大多数科研人员认为自己的薪酬水平不具竞争优势，有 75.31%的人员认为自己的薪酬水平低于其他人或与其他人基本持平，其中认为自己薪酬水平略低于和远低于其他人的人员分别占比 19.78%和 6.53%。详细数据如图 2-20 所示。

从工作年限上看，除工作 1 年及以下人员外，其他人员对薪酬水平竞争力的满意度随着工作年限的增长不断下降。工作 1～5 年的人中，有 81.19%的人认为自身

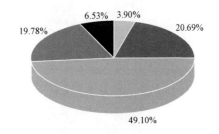

图 2-20 科研人员薪酬水平竞争力情况

的薪酬水平不具竞争力，工作 30 年以上的人员中，此类人员的占比则为 42.86%。详细数据如图 2-21 所示。

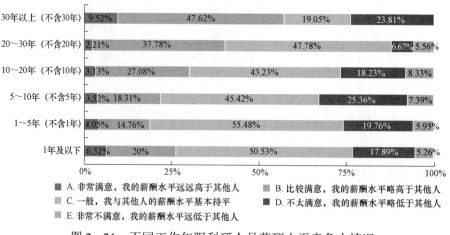

图 2-21　不同工作年限科研人员薪酬水平竞争力情况

从职务分布上看，**大多数无职务人员认为自身的薪酬水平不具竞争力**。各级别人员对自身薪酬水平竞争力的满意程度由高至低排序为副处级、科级、处级、副科级、其他职务和无职务人员，各级别人员中认为自己薪酬水平竞争力不足的人员占比分别为 46.67%、54.35%、53.84%、63.5%、73.17%和 78.25%，其中不太满意和非常不满意的无职务人员占比达 28.65%。详细数据如图 2-22 所示。

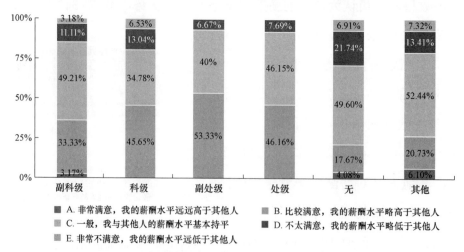

图 2-22　不同职务科研人员薪酬水平竞争力情况

从学历分布上看，**随着学历层次的提升，科研人员对薪酬竞争力的满意度呈下降趋势**。博士及以上、硕士、本科及以下学历人员中，分别有 79.36%、77.41%和 69.85% 的人认为自身的薪酬水平不具竞争力，博士学历人员中不太满意和非常不满的人员比例均为各学历层次中最高，分别占比 23.87% 和 8.39%。详细数据如图 2-23 所示。

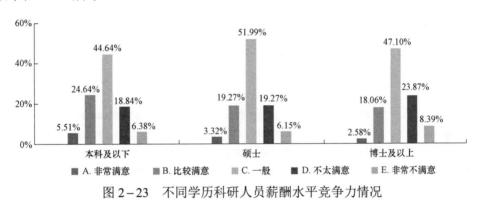

图 2-23 不同学历科研人员薪酬水平竞争力情况

（三）科研人员对经济激励的需求情况

在科研人员更倾向于选择的激励方式上，排在前三位的是项目收益分红、绩效奖金和岗位分红。有 65.92% 的科研人员认为项目收益分红是比较重要的经济激励方式，其中将其排在前 3 位的人员分别占比 43.1%、12.66% 和 10.16；有 64.4% 的人认为绩效奖金比较重要，其中将其排在前 3 位的人员分别占比22.23%、19.56% 和 22.61%。详细数据如图 2-24 所示。

激励水平较低是造成科研人员对经济激励不满的主要原因，激励方式单一、与非科研人员差异性不够、与实际需求不符、没能体现自身付出等方面的不足也在一定程度上降低了科研人员的满意度。详细数据如图 2-25 所示。

在对经济激励不满的原因中，分别有 29.22%、29.13%、15.97% 的人员将激励水平不足、方式过于单一、与实际需求不符排在第 1 位；分别有 25.65%、21%、19.52% 的人员将激励水平不足、与非科研人员差异性不够、没能体现自

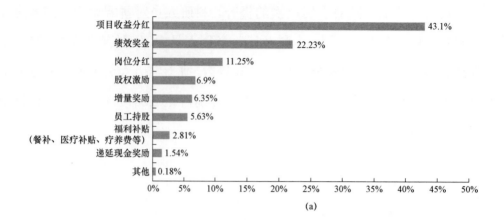

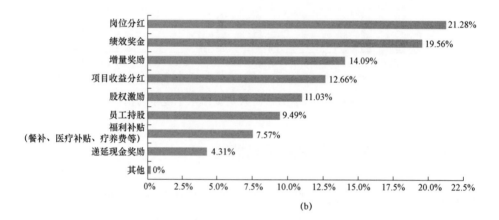

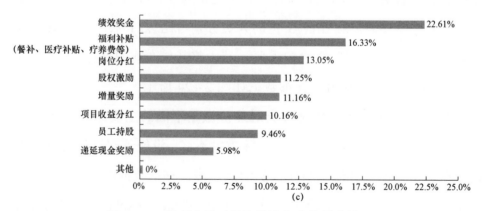

图 2-24　科研人员对经济激励方式的需求情况

（a）排名第一位；（b）排名第二位；（c）排名第三位

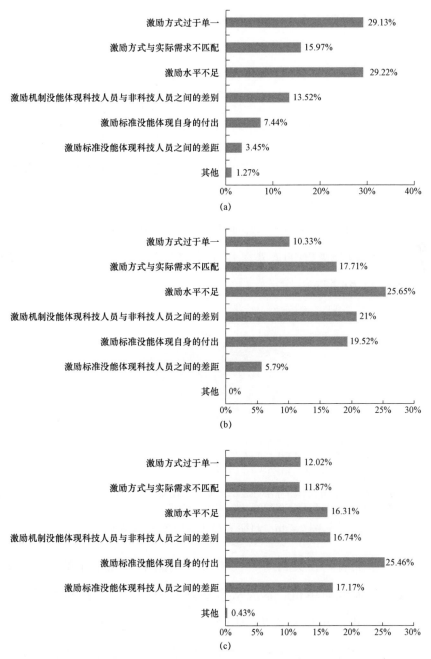

图 2-25　科研人员对经济激励不满意的原因

（a）排名第一位；（b）排名第二位；（c）排名第三位

身付出排在第 2 位；分别有 25.46%、17.17%、16.74%的人员将激励没能体现自身付出、与其他科研人员差异性不够、与非科研人员差异性不够排在第 3 位。

2.2.3 环境激励

（一）科研人员当前所处工作环境相关情况

接近 80%的科研人员从事研究的时间不足工作时间的 50%，有接近 50% 的人员将时间主要用于支撑服务和事务性工作上。有 79.86%的人员将一半以上的工作时间花费在支撑服务、临时任务、综合事务和开会等事务工作上，其中分别有29.05%和18.42%的人实际用于研究工作的时间仅有30%和10%左右。详细数据如图 2-26 所示。

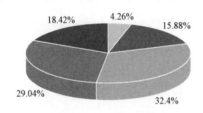

18.42%　　4.26%　　15.88%

29.04%　　32.4%

■ A. 我工作的时间中，实际用于研究工作占90%左右，极少花费时间在支撑服务、临时任务、综合事务、开会等
■ B. 我工作的时间中，实际用于研究工作占70%左右，较少花费时间在支撑服务、临时任务、综合事务、开会等
■ C. 我工作的时间中，实际用于研究工作占50%左右，花费在支撑服务、临时任务、综合事务、开会等上面的时间占据了我工作时间的一半
■ D. 我工作的时间中，实际用于研究工作占30%左右，大部分时间花费在支撑服务、临时任务、综合事务、开会等
■ E. 我工作的时间中，实际用于研究工作占10%左右，时间几乎都花费在支撑服务、临时任务、综合事务、开会等

图 2-26　科研人员工作时间安排情况

从单位性质上看，**各类科研单位科研人员的事务性工作都较多，研究工作时间明显低于其他性质单位，本应从事基础前瞻研究、关键技术研发的单位也是如此。**软科学/设计单位和成果应用单位中，分别有81.54%和82.48%的人花费在研究工作上的时间不足50%，研究开发单位和产业单位中，此类人员分别占比为76.92%和75.59%。详细数据如图 2-27 所示。

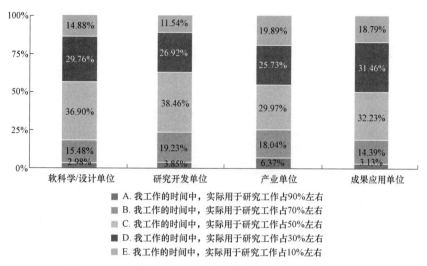

图2-27 不同性质单位科研人员工作时间安排情况

从职务分布上看，**科级人员在事务性工作上花费的时间最多，副处级人员在事务性工作上花费的时间最少**。所有科级人员在研究工作上花费的时间均在 70% 及以下，有 91.31% 的人员实际用于研究工作的时间不足 50%；副处级干部中有 85.72% 的人员实际用于研究工作的时间不足 50%。详细数据如图 2-28 所示。

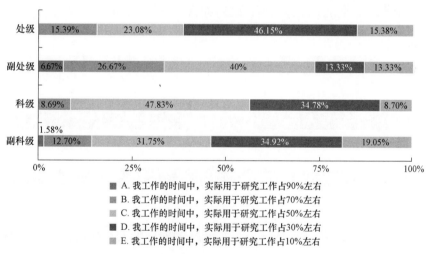

图2-28 不同职务科研人员工作时间安排情况

大多数科研人员均无法对科研计划或任务进行灵活调整。有 54.17% 的人员认为当前的科研计划调整机制不够灵活，仅能对部分内容进行较小的调整，其中有 12.52%的人员表示项目的执行必须与计划保持完全一致。详细数据如图 2-29 所示。

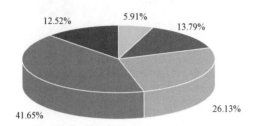

　　A. 非常灵活，可以根据需要随时进行灵活的调整
　　B. 灵活，可以根据研究的需要进行调整
　　C. 较为灵活，除任务书中的科研指标之外，财务预算、研究的部分内容都可以根据实际需要进行调整
　　D. 较不灵活，科研工作必须与最初的科研计划/任务书一致，非核心指标可以进行微小的调整
　　E. 不灵活，科研工作与最初的科研计划/任务书严格一致，没有任何调整空间

图 2-29　科研计划及任务灵活调整幅度情况

从单位性质上看，**研究开发单位的科研计划调整相比产业单位、成果应用单位的灵活度更低。**软科学/设计单位和研究开发单位中分别有 63.69%和 73.07%的人员表示其所在单位的科研工作机制不够灵活，只能对部分非核心指标进行微调或完全不能调整。详细数据如图 2-30 所示。

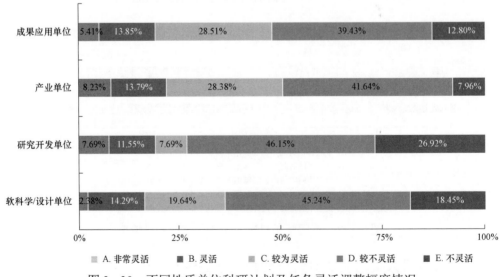

图 2-30　不同性质单位科研计划及任务灵活调整幅度情况

（二）科研人员对环境激励的需求情况

大多数科研人员认为减少自身的事务性工作负担并且可以弹性调整工作时间更加重要。有 66.44% 的科研人员在环境激励的需求方面选择了较少的事务性工作，分别有 33.94%、16.87%、15.63% 的人员将其排在前 3 位；此外还有 61.11% 的科研人员选择了工作时间能够弹性调整，分别有 14.07%、26.59%、20.45% 的人员将其排在前 3 位。详细数据如图 2-31 所示。

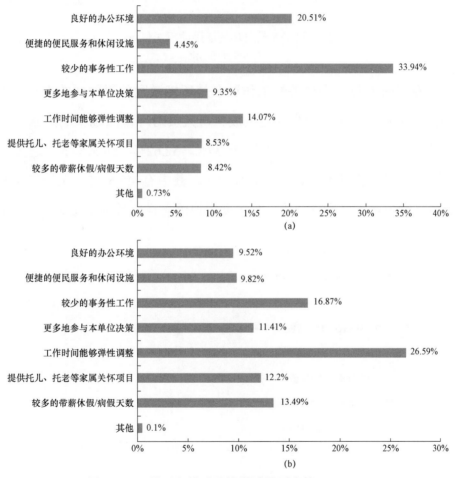

图 2-31 科研人员对环境激励的需求情况（一）

（a）排在第一位；（b）排在第二位

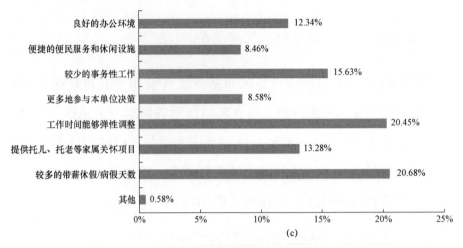

图 2-31　科研人员对环境激励的需求情况（二）
（c）排在第三位

大多数科研人员认为事务性工作过多是环境激励效果不佳的主要原因，工作时间弹性不够、休假天数少也是造成科研人员对环境激励不满的原因。在环境激励效果不佳的原因方面，分别有 75.37%、52.62%、50.32%的人选择了事务性过多、工作时间弹性不够、休假天数较少，其中有 45.55%的人员认为事务性工作过多是造成环境激励效果不佳最主要的原因。详细数据如图 2-32 所示。

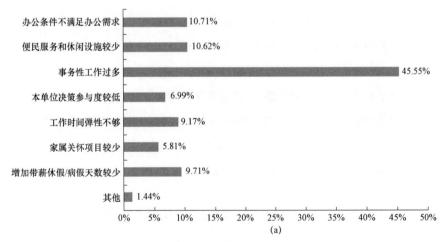

图 2-32　科研人员对环境激励机制不满的原因（一）
（a）排在第一位

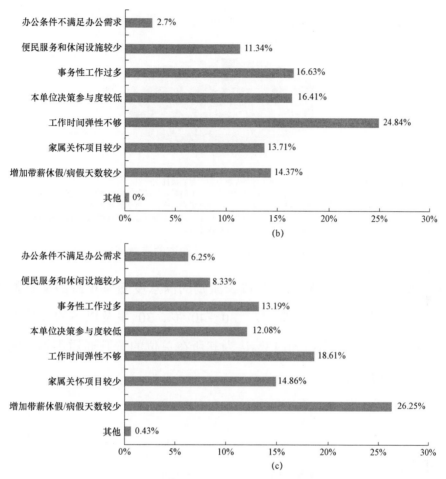

图 2-32 科研人员对环境激励机制不满的原因（二）

（b）排在第二位；（c）排在第三位

2.2.4 成长激励

（一）科研人员对晋升通道的满意情况

半数以上的科研人员认为其所在单位的晋升通道不够顺畅。有 62.15%的人员认为其所在单位的岗位晋升要求较为严格，所有人员均需符合相关硬性要求才可以得到成长，对于业绩和贡献突出者未设置绿色通道，其中有 7.71%的人面临着发展通道完全堵塞的困境。详细数据如图 2-33 所示。

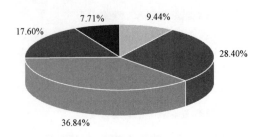

- A. 职级晋升非常畅通，单位职级晋升与个人能力和贡献直接挂钩
- B. 职级晋升畅通，虽然单位对职级晋升有硬性规定，但同时我们设置了突破年限限制的绿色通道
- C. 职级晋升一般，严格按照单位对职级晋升的硬性规定来执行，没有任何绿色通道
- D. 职级晋升较差，对晋升的年限、条件有硬性的规定，除此之外，还对晋升的比例有严格的限制
- E. 职级晋升很差，发展通道完全堵塞，根本没有晋升机会

图 2-33　科研人员对晋升通道的满意情况

从年龄分布上看，**科研人员对成长激励的满意度随着年龄的增长整体呈下降趋势**。50 岁及以上、40～50 岁、30～40 岁、30 岁及以下的人员中分别有 70.33%、63.57%、65.54%、56.13%认为其所在单位的晋升通道不够顺畅。详细数据如图 2-34 所示。

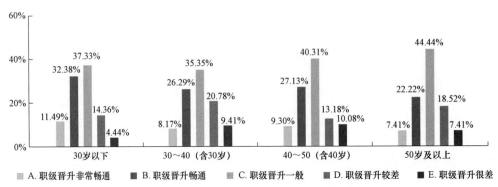

图 2-34　不同年龄科研人员对晋升通道的满意情况

从学历分布上看，**硕士学历人员的满意度相对较高**。各学历人员的满意度均在 40%以下，其中硕士学历人员的满意度最高，但也仅有 39.05%的人认为晋升通道畅通，本科及以下、博士及以上学历人员中，分别有 36.52%、36.14%的人员认为晋升通道畅通。详细数据如图 2-35 所示。

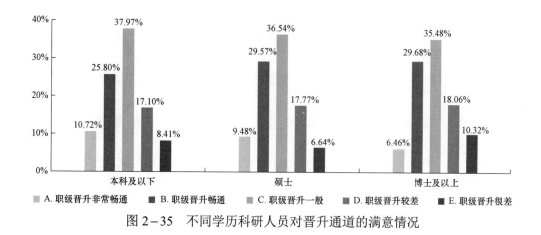

图2-35　不同学历科研人员对晋升通道的满意情况

（二）科研人员对培训交流机会的满意情况

近一半的科研人员认为国有企业当前提供的培训交流机会不够令人满意。 分别有 35.48%、10.34%和 2.09%的人认为其所在单位提供的培训交流机会不多、很少或几乎没有。详细数据如图 2-36 所示。

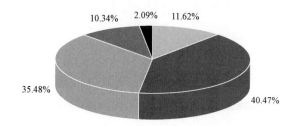

■ A.非常满意，单位提供的培训和交流机会很多　　　　　　■ B.比较满意，单位提供的培训和交流机会较多
■ C.一般，单位提供的培训和交流机会不多，有时需要通过自己的争取才能获得培训和交流的机会
■ D.不太满意，单位很少开展培训，对外交流的机会也很少　　■ E.非常不满意，单位几乎从未提供培训及对外交流的机会

图2-36　科研人员对培训交流机会的满意情况

从单位性质上看，**成果应用单位对于培训交流的整体满意率较高。** 其中，研究开发单位人员的满意度最低，有 61.54%的人认为单位提供的培训交流机会不够，软科学/设计单位、产业单位中此类人员的占比分别为 51.19%、52.79%。详细数据如图 2-37 所示。

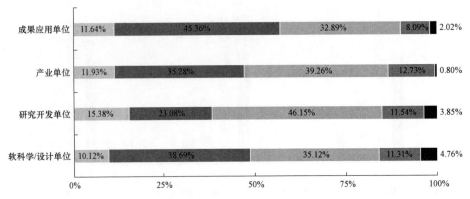

■ A. 非常满意，单位提供的培训和交流机会很多
■ B. 比较满意，单位提供的培训和交流机会较多
■ C. 一般，单位提供的培训和交流机会不多，有时需要通过自己的争取才能获得培训和交流的机会
■ D. 不太满意，单位很少开展培训，对外交流的机会也很少
■ E. 非常不满意，单位几乎从未提供培训及对外交流的机会

图 2-37　不同性质单位科研人员对培训交流机会的满意情况

从工作年限上看，工作 1～30 年人员的满意度随工作年限增长呈下降趋势。其中工作 20～30 年的人员满意度最差，认为单位提供的培训交流机会不足者占比 57.78%；工作 1 年及以下人员满意度最高，认为单位提供交流机会不足者占比 24.1%。详细数据如图 2-38 所示。

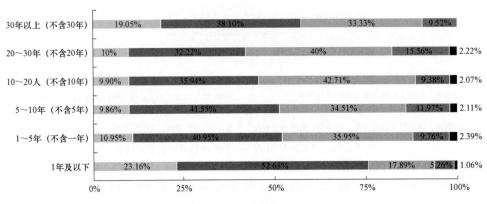

■ A. 非常满意，单位提供的培训和交流机会很多
■ B. 比较满意，单位提供的培训和交流机会较多
■ C. 一般，单位提供的培训和交流机会不多，有时需要通过自己的争取才能获得培训和交流的机会
■ D. 不太满意，单位很少开展培训，对外交流的机会也很少
■ E. 非常不满意，单位几乎从未提供培训及对外交流的机会

图 2-38　不同工作年限科研人员对培训交流机会的满意情况

从学历分布上看，**科研人员对培训交流机会的满意度随着学历的提升逐渐提高。**本科及以下、硕士、博士及以上学历人员中，认为单位提供的培训交流机会不足者分别占比 49.85%、47.18%、46.45%。详细数据如图 2-39 所示。

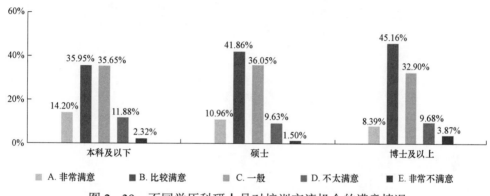

图 2-39　不同学历科研人员对培训交流机会的满意情况

（三）科研人员对成长激励的需求情况

科研人员对于岗级和职位晋升的需求最为显著。有 78.45% 的人员认为岗级晋升对自己的职业生涯发展较为重要，整体占比最高，其中有 31.58% 的人将岗级晋升放在需求的第 1 位；有 71.72% 人选择了职位晋升，其中有 45.19% 的人将其排在第 1 位，在排位第 1 名的各类需求中占比最高。详细数据如图 2-40 所示。

2.2.5　荣誉激励

（一）科研人员对荣誉激励与获奖者匹配度的满意情况

大多数的科研人员认为其所在单位荣誉激励的匹配度符合自己的期待。有 65.44% 的科研人员认为获得荣誉的个人能够完美或较好地与荣誉相匹配，仅有

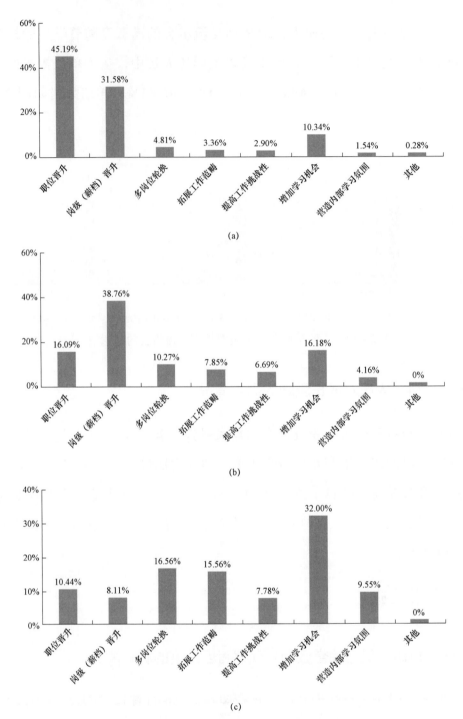

图 2-40 科研人员对成长激励的需求情况

（a）排在第一位；（b）排在第二位；（c）排在第三位

8.35%的科研人员认为荣誉激励与获奖人员的匹配性不足。详细数据如图2-41所示。

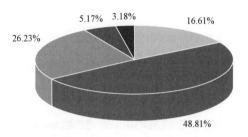

A. 很好，获得荣誉的个人都能与荣誉达到非常完美的匹配
B. 较好，获得荣誉的个人都能与荣誉达到较好的匹配
C. 一般，获得荣誉的个人几乎能与荣誉相匹配
D. 较差，获得荣誉的个人不能与荣誉相匹配
E. 很差，荣誉完全是内定的，获得荣誉的个人完全不能与荣誉相匹配

图2-41 科研人员对所在单位荣誉激励与获奖者匹配度的满意情况

从年龄分布看，**随着年龄的增长，科研人员对荣誉激励匹配度的满意度呈下降趋势**。30岁以下的科研人员中，有71.28%对荣誉激励的匹配度感到满意，而50岁及以上的科研人员中有55.56%的人感到满意。详细数据如图2-42所示。

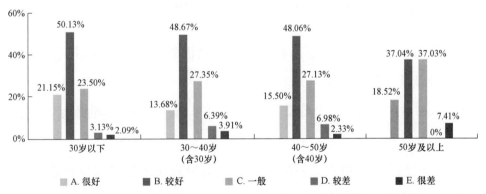

图2-42 不同年龄科研人员对所在单位荣誉激励与获奖者匹配度的满意情况

从职务分布上看，**处级人员对荣誉激励匹配度的满意度最高**。处级和副处级人员中分别有76.92%和73.34%的人认为获得荣誉的个人能够完美或较好地与荣誉相匹配。职务级别较低的人员对于荣誉激励匹配度的满意程度相对略

低，其中科级人员和无职务人员的满意度最低，分别有 6.52% 和 8.95% 的人员认为荣誉激励难以与获奖人员相匹配。详细数据如图 2-43 所示。

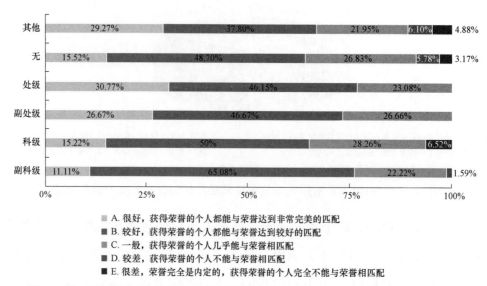

图 2-43　不同职务科研人员对所在单位荣誉激励与获奖者匹配度的满意情况

（二）荣誉激励机制与科研工作实际的匹配性情况

大部分人员认为国有企业当前的荣誉激励机制比较符合科研工作实际。认为荣誉称号及奖项设置非常合理和比较合理的人分别占比 14.52% 和 51.55%，仅有 5.35% 和 1.81% 的人认为设置不太合理或非常不合理。详细数据如图 2-44 所示。

从单位性质上看，**研究开发单位科研人员对荣誉激励机制与科研工作实际的匹配度的满意程度明显低于其他性质单位**。软科学/设计单位、研究开发单位和产业单位中分别有 36.9%、46.16% 和 37.93% 的人员认为所在单位荣誉激励机制与科研工作实际的匹配度在一般及以下，其他性质单位此部分人员的占比均在 30% 左右。详细数据如图 2-45 所示。

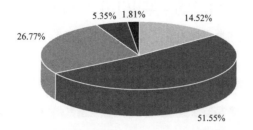

5.35% 1.81% 14.52%

26.77%

51.55%

- ■ A. 非常匹配，荣誉称号、成果奖项等设置非常合理，能够充分体现我所在单位研究能力和创新方向
- ■ B. 比较匹配，荣誉称号、成果奖项等设置比较合理，能够较好地体现我所在单位研究能力和创新方向
- ■ C. 一般匹配，荣誉、成果奖项等设置不够合理，比较难以体现我所在单位研究能力和创新方向
- ■ D. 不太匹配，荣誉称号、成果奖项等的设置不合理，特别难体现我所在单位研究能力和创新方向
- ■ E. 非常不匹配，荣誉称号、成果奖项等的设置非常不合理，完全无法体现我所在单位研究能力和创新方向

图 2-44 荣誉激励机制与科研工作实际的匹配性情况

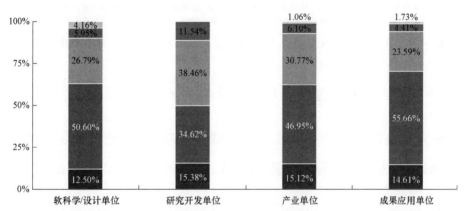

- ■ A. 非常匹配，荣誉称号、成果奖项等设置非常合理，能够充分体现我所在单位研究能力和创新方向
- ■ B. 比较匹配，荣誉称号、成果奖项等设置比较合理，能够较好地体现我所在单位研究能力和创新方向
- ■ C. 一般匹配，荣誉、成果奖项等设置不够合理，比较难以体现我所在单位研究能力和创新方向
- ■ D. 不太匹配，荣誉称号、成果奖项等的设置不合理，特别难体现我所在单位研究能力和创新方向
- ■ E. 非常不匹配，荣誉称号、成果奖项等的设置非常不合理，完全无法体现我所在单位研究能力和创新方向

图 2-45 不同性质单位荣誉激励机制与科研工作实际的匹配性情况

从工作年限上看，**工作 1 年及以下者对所在单位荣誉激励机制与科研工作实际的匹配性的满意度最高，工作 5～10 年者满意度最低**。工作 1 年及以下的科研人员中认为荣誉激励机制设置与工作实际非常匹配或比较匹配的人员占比达到了 86.31%，且仅有 2.11% 的人员认为不太匹配或非常不匹配。其他年限工作人员中，认为非常匹配或比较匹配的人员占比均在 65% 左右，认为不匹配

或不太匹配的人员占比则略有差异，其中工作 5～10 年的科研人员中此类人员占比最高，为 8.1%。详细数据如图 2-46 所示。

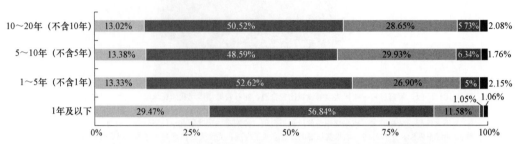

图 2-46　不同工作年限科研人员荣誉激励机制与科研工作实际的匹配性情况

（三）科研人员对荣誉激励方式的需求情况

科研人员最需要的荣誉激励方式是成果奖项，选择这种激励方式的人员占比 62.61%。选择荣誉称号的激励方式占比 30.22%。详细数据如图 2-47 所示。

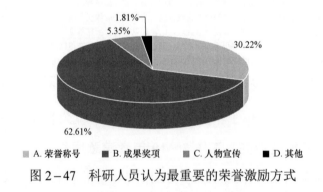

图 2-47　科研人员认为最重要的荣誉激励方式

从职务分布上看，**科级及以下人员认为成果奖项最重要，副处级及处级人员则认为荣誉称号最重要。**分别有 60% 和 61.54% 的副处级和处级人员将荣誉称号作为荣誉激励的首选方式，其他人员这一比例均在 40%以下；科级及以下人员认为成果奖项最重要者占比均在 58%及以上，副处级及处级人员的这一比例则在 30%左右。详细数据如图 2−48 所示。

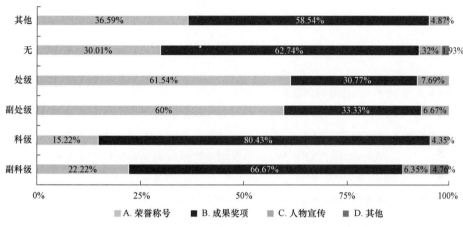

图 2−48 不同职务科研人员认为最重要的荣誉激励方式

多数人认为奖项种类偏少、评价过程不透明、奖项影响力低是所在单位荣誉激励的主要不足之处。分别有 71.09%、59.51%、53.89%的人员认为奖项种类较少、评价过程透明度不够、奖项不够权威是当前所在单位荣誉激励的主要不足之处。详细数据如图 2−49 所示。

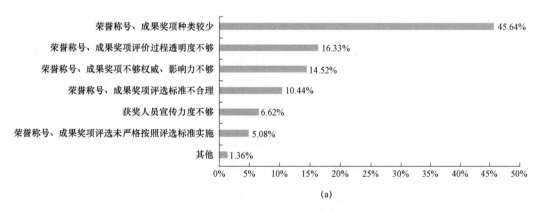

(a)

图 2−49 科研人员对荣誉激励不满意的原因（一）

（a）排名第一位

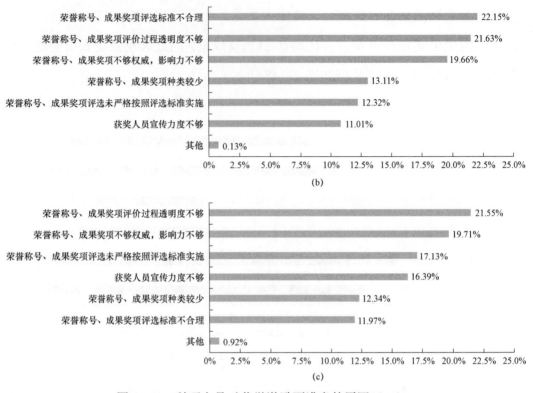

图 2-49　科研人员对荣誉激励不满意的原因（二）
（b）排名第二位；（c）排名第三位

2.3　问题小结及原因分析

（1）整体上看，大多数科研人员对所在单位的激励机制不满意，尤其是青年科研人员、高学历科研人员对激励机制完善的诉求强，科研单位工作状态不佳人数高于其他类型单位，且对经济激励和成长激励的需求突出。

一是青年科研人员、高学历科研人员激励效果不佳。从调研结果上看，工作 1～10 年、学历较高的年轻人不仅工作状态相对较差，他们对于所在单位激励机制的不满也表现得较为突出。然而此部分人员正是科研队伍的中坚力量，承担着主要的研究任务及相关工作，恰恰应当是活力最充足、最应受到大力激励的人群。对于激励机制的不满致使他们在工作中缺乏动力，直接影响了国有企业研究工作的质量和水平。此外，他们的动荡也会对员工队伍的稳定性造成不良影响，甚至引发较大规模的人员流失，使国有企业出现人才梯队断层、研究工作后继无人等情况。

二是不同类别的科研人员对于所在单位激励机制的满意度有较大差别。在科研单位中工作、年龄在 30～40 岁之间、工作年限较短、学历层次较高的科研人员对激励机制的满意度最低。此类人员一般承担着较为繁重的工作任务、面临着较大的工作压力，而目前较为平均化的激励分配机制难以准确地体现出他们的付出与努力，因此会使他们感到自己的付出与收获不相匹配，从而产生不满情绪。此外，此类人员普遍面临着较大的生活压力，因而在激励水平不足时，他们受到的影响最大，不满情绪也会表现得较为明显。

三是不同类别的科研人员对于激励方式的需求存在一定差异。大部分科研人员均对经济激励表现出了较为强烈的需求，但是不同类别人员之间的需求略有差异。如软科学/设计单位工作人员、高学历人员、无职务人员对于经济激励的需求相对较高，研究开发单位和成果应用单位工作人员、副科级人员、低学历人员则同时在经济激励和成长激励两个方面均表现出了较强的需求。因而在激励方式的选择上，应参照激励对象所在单位、学历、职务等方面的不同而有所侧重。

（2）在经济激励上，多数科研人员对其所在单位的经济激励机制不满意，其中青年科研人员、高学历科研人员对薪酬的满意比例低于其他人员，薪酬市场竞争力不强和与贡献挂钩程度低是主要原因。

一是多数人对所在单位经济激励的整体水平表现出不满，部分特别看重经济激励的科研人员可能会受到更大影响。根据调查结果，在科研单位中工作、学历层次较高、科级及无职务人员以及 30～40 岁之间的人员对经济激励的不满情绪更为突显，而此类人员中的软科学/设计单位科研人员、高学历人员、无职务人员本就将经济激励作为其最看重的激励方式，经济激励不足对他们造成的影响可能要高于对其他类别人员的影响，因而国有企业在设计激励机制时，应当重点关注此类人员对于经济激励的需求以及实际的激励效果。

二是除经济激励的绝对水平较低外，经济激励水平趋于平均化、分配方式"一刀切"等情况也是造成激励效果较差的重要原因。调查结果显示，科研人员对经济激励的不满主要是出于他们认为当前的经济激励水平不足以体现自己的劳动价值，薪酬与投入付出相比不匹配、"大锅饭"现象严重，没有实现回报与贡献挂钩，薪酬差距没有显著拉开。科研人员更倾向于能够较为准确体现自身工作付出的项目收益分红和绩效奖金两种经济激励方式，因而在设计方案时，要加大对激励针对性和差异性方面的关注，使激励标准能够更加准确地体现科研人员的实际付出。

（3）在环境激励上，大多数科研人员满意度不高，主要体现在非科研性的支撑服务和事务性工作占据时间太多、科研计划管控过严、工作时间弹性不够及占用休息时间太多等方面。

一是科研人员从事的事务性工作过多、负担过重，缺乏科研创新带来的成就感。特别是软科学/设计单位人员，其所在单位的科研工作定位为基础前瞻与关键技术研发，但是却承担了大量的支撑服务工作，如协助撰写汇报材料、相关规划、收集资料等，在这些工作中，科研人员主要承担的是较高要求的文字类工作，不仅侵占了大量的科研工作时间，也几乎无从创新，甚至会给科研人员造成自己每天碌碌无为的错觉感，对他们的工作积极性造成负面影响。这需要国有企业更进一步地明确科研单位的职责与定位，将科研单位的工作重点转到科研创新上来，从根源上解决科研人员事务性工作过多的问题，给他们以更广阔的创新空间。

二是科研计划管控过严，科研人员束手束脚，阻碍科研工作的正常开展。科研人员除了从事科研工作外，难免要同时承担部分与科研项目密切相关的事务性工作，如财务报销、立结项流转、项目评审等。而由于新一轮国资国有企业改革和电力体制改革对国有企业实施分类改革和分类管控提出了新要求，国有企业对于科研单位的管控也越发严格，这类事务性工作往往手续复杂、要求严格，不仅使原本应当自由创新的科研工作变成了与管理工作一样的计划式任务，科研人员无法根据研发进程的要求实际开展相关工作，较高的规范性要求也使科研人员的精神压力日益增大，难以全身心投入到研究工作中去。因而国有企业在完善激励机制时，应着重考虑如何为科研人员减负，使他们能够更加专注于科研工作本身。

三是科研工作弹性时间不够，工作任务重、占用休息时间过多。科研是一项极富有创造力的工作，需要科研人员充分发挥个人的主观能动性，而每个人的工作习惯、偏好和效率都存在较大差别，过于固定和死板的工作时间并不利于科研人员创造力的发挥。此外，多数科研人员都面临着较大的项目压力，加班工作是一种常态，较多地侵占了私人的休息时间，甚至使部分科研人员的工作和生活呈现出了失衡状态，身心俱疲，难以在科研工作中投入全部的精力。

（4）在成长激励上，大部分科研人员还不够满意，主要体现在成长通道不够通畅、培训交流机会较少等方面。

一是由于硬性条件限制，部分科研人员晋升仍面临阻碍。虽然大多数科研单位建立了管理和技术双通道晋升机制，有效拓宽了科研人员的晋升渠道，但大多数晋升标准均对人员的资历、学历和职称等作出了较为严格的限制，即便是具备突出业绩者想要突破各种条框限制得到晋升也存在较大困难。这样的晋升条件不仅分散了科研人员对于科研工作本身的注意力，将更多的精力放在了资格考试和评定中，还影响了部分工作年限较短的年轻科研人员的工作积极性。

二是培训交流机会较少，部分科研人员的专业提升需求难以得到满足。根据调查结果，科研单位、工作 20～30 年、学历层次较低的科研人员对培训交流工作的满意度最低，这部分人员一般承担着较大难度的工作任务和更加强烈的能力提升需要，因此具有较高的培训需求。目前，国有企业提供的大部分培训属于普惠式的基础培训，方式较为单一、多以授课式和讲座式培训为主，且多数培训内容为科普性质、缺乏针对性，难以满足科研人员的特殊需求。此外，多数科研人员外出学习交流的机会不多、获取外部信息的渠道不够畅通，因此其研究视野极易受到局限，使得研究工作开展不够深入。

（5）在荣誉激励上，国有企业当前荣誉激励对于突出科研创新价值挂钩不强，重大贡献荣誉激励缺少。虽然当前国有企业对于科研工作的相关奖项设立得较多，也较为齐全，但是各项荣誉的评价机制仍然较为不透明，论资排辈、轮流坐庄的情况依然存在，致使荣誉激励无法真实、全面地反映出科研成果或科研人员的真实水平，使部分科研人员对于奖项评价的公平性持有保留态度。此外，国有企业对于科研工作设立的相关奖项主要有科技进步奖、软科学奖和QC 成果奖等，奖项的权威性略显不足，缺乏专门针对重大科研成果和突出贡献人员的特殊奖项，使荣誉激励对科研人员的激励效果受到了一定限制。

3

国有企业科技创新激励优化思路与重点举措

3.1　激励机制优化总体思路

首先，从国家创新政策、科技人员特点、科研创新差异和国有企业激励现实总结出激励优化的关键因素；其次，从经济、环境、成长和荣誉四个方面设计总体激励优化框架思路；最后，根据前文分析，提出从薪酬改革、制度变革、成长培养和荣誉激励四个面采取重点举措。国有企业科技创新激励优化思路与重点举措如图 3-1 所示。

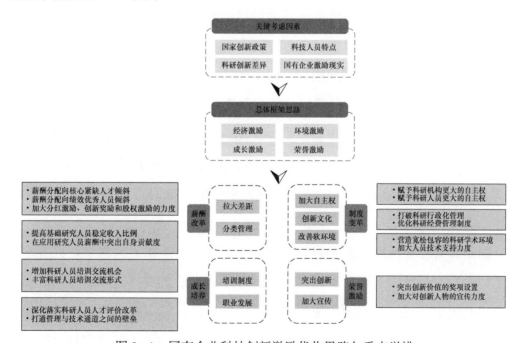

图 3-1　国有企业科技创新激励优化思路与重点举措

（一）关键考虑因素

一是国家创新政策因素。 积极响应国家科技创新政策要求，用好党中央国务院对科研人员减负松绑、加大激励的各项政策，按照有关政策文件的要求落实到位。但同时，国有企业要守好政策红线不触碰，在政策允许的范围、明文鼓励的领域，大胆探索尝试。结合国有企业科研工作实际，把握相关政策导向，贴合相关政策要求，制定符合国有企业科研工作发展需求和科研人员特点的激励机制。

二是知识型员工激励特点。 科研岗位一般以知识型员工为主，他们普遍具备追求自主性、个性化、多样化工作的特点，并富有创新精神，在个人特质、心理需求、价值观和工作方式等方面都存在一定的特殊性。相比其他岗位员工，知识性员工通常具有较为强烈的自我价值实现的欲望、不在意权威和权势，其工作过程难以做到实时监督、工作成果往往不好量化，不具备直接测量和评价的条件，因而在制定针对科研人员的激励机制时，要关注他们的特点与需求，才能够达到预期的激励效果。

三是科研创新的内在差异性。 科研工作是极富有创造性的工作，对科研人员的主观能动性要求很高，科研成果的质量在很大程度上取决于科研人员本身的能力和素质，因而即便是在同一个项目团队中、工作量基本持平的情况下，每个人对研究成果的贡献也存在一定差异；此外，不同类别的研究项目工作要求和工作内容也有所区别，因而不同类别科研人员的工作性质也存在较大差异。

四是国有企业激励现实问题。 国有企业的科研工作在遵循科学研究普遍规律的同时，也受到国有企业战略导向、管理模式、研究重点、创新方向、员工情况以及历史传统等多方面的影响和制约，在构建完善国有企业科研人员激励体系的过程中，需要对客观因素和主观因素进行综合考量，制定出符合国有企业发展需要和科研人员需求的、具有国有企业特色的科技创新激励体系，使激励效果能够达到最优。

（二）总体框架思路

遵循科研工作规律，以推动科研工作创新发展为目标，从科研人员的实际需求出发，多措并举优化科研人员激励机制，采取经济激励、荣誉激励、环境激励和成长激励等多种方式对科研人员开展多角度、全方位、多层次的激励，打好"组合拳"，不断提升科研人员的工作积极性和满意度。

经济激励：在经济激励方面，要基于科研人员自身素质、科研成果质量及科研人员个性化需求等，合理拉大薪酬差距、实施薪酬分类管理，构建以股权和分红权为核心的利益共同体，不断提升经济激励的公平性和针对性，使经济激励水平能够真实、客观地反映出科研人员的付出与努力。

环境激励：在环境激励方面，注重改善日常工作环境、缓解人际压力、平衡工作与家庭关系等来吸纳和稳定科研人员，破除官本位思想，培育宽松、平等、民主的文化，加大科研机构和人才自主权，建设开放包容的创新文化，改善科技人员工作软环境，使科研人员能够在轻松和谐的氛围中专心开展研究工作，促使他们的潜能得到充分发挥。

成长激励：在成长激励方面，进一步优化、完善培训体系，为科研人员提供更多的培训交流机会，不断提升科研人员的专业素质；进一步健全职业发展通道和人才流动机制，打通制约科研人员发展的阻碍，为科研人员的发展提供多种路径。

荣誉激励：在荣誉激励方面，在继续保持国有企业当前荣誉激励的优势基础上，突出创新价值的奖项设置，加大创新人物的宣传力度，通过进一步完善相关奖项设置、优化奖项评选标准、调整奖项评选导向等，使荣誉激励成为激励体系的有效组成部分，其作用能够得到更加有效的发挥。

3.2　大力推进科研机构的薪酬改革

加强薪酬激励，着力提升薪酬分配的公平性，使科研人员的贡献能够得到合理体现与回报，通过岗位工资、绩效薪酬与分红激励相结合的薪酬兑现方式，有效激发科研人员的内生动力。

3.2.1　拉大薪酬分配差距

在工资总额受控的情况下，薪酬改革的关键在于科研产业单位勇于打破传统薪酬分配方式，拉大科技人员薪酬分配差距。同时，国有企业总部在政策上给予支持，鼓励科研单位薪酬改革，支持对特殊人才的薪酬倾斜。拉大薪酬差距，体现公正性，使员工付出的努力得到合理的回报与认可，将国有企业有限的薪酬资源得到更加合理的分配，使国有企业的薪酬分配机制对内具有公正性、对外具有竞争力、对员工具有激励性。目前，国有企业所属大部分科研单位的薪酬分配制度具有强烈的国有企业印记，虽然员工的薪酬是基于岗位、绩效和员工个人素质等多重因素综合确定，但是薪酬差距仍然较小，员工受到的激励效果并不明显。

一是薪酬分配要向核心紧缺科技人才倾斜。对于科研单位而言，科研岗位人员无疑是最核心、最关键的人才，他们能够为企业创造最大价值，能否吸引、用好行业顶尖科研人才不仅直接决定一个组织的核心竞争能力，也会对组织的兴衰成败产生关键性的影响。科研产业单位大胆推进薪酬分配改革，让薪酬和激励资源优先向此部分人员倾斜，对不同价值的岗位给予不同的激励力度，确保核心人才价值创造能够得到合理回报，让优秀骨干人才心无旁骛地开展工作。此外，还应建立薪酬市场对标机制，对高端人才和行业紧缺人才实行特殊办法和政策，让顶尖专家、高端人才在企业内拿最高工资，使其薪酬水平达到并保持行业领先，甚至国际领先水平。而对于收入已达到市场平均水平的通用岗位和辅助岗位人员，工资应不涨或少涨。以实现该高则高、该低则低。

二是薪酬分配要向绩效优秀人员倾斜。薪酬是员工劳动和贡献价值的重要体现，也是激发员工不断提高工作效率、提升工作质量、不断开拓创新等内生动力的重要因素。一般而言，适当的薪酬差距更易激励员工爆发出更大的潜能，并且使他们愿意付出更多的努力以获取更高的薪酬。不同的员工对国有企业的贡献大小各异，因此各单位必须要打破平均主义、大锅饭、铁饭碗，通过合理的薪酬差距准确反映每个员工对国有企业的价值，使劳动报酬和员工的劳动付出成正比，赏罚分明、适当拉开优秀员工与后进员工之间的差距，让员工既感受到纵向公平，即认为自己的收入较好地体现了自己的付出；又感受到横向公平，即与他人相比自己的收入相对公平，不断提升员工干事创业的积极性。

三是打好分红激励、重大奖励的"组合拳"。除了工资和绩效奖金外，分红、创新奖励等激励方式也与科研人员的工作性质非常契合，这样的激励方式不仅能够更好地体现科研人员的能力与贡献，还将科研人员所能得到的激励与企业发展、研究成果、国有企业效益等相挂钩，加大岗位分红的力度，重点对核心骨干加大倾斜。在争取政策允许的条件下，组合开展项目收益分红，加大科技人员成果转化激励力度，可以开展项目分红激励，实施多种方式组合激励。鼓励科研产业单位拿出一部分的工资总额，对做出重大技术突破、重大发明的科研人员，给予重奖，以效益体现价值，以财富回报才智。

3.2.2 实施薪酬分类管理

科研工作不同于市场销售或工程建设工作，一般需要较高的创造力，需要对知识和科研能力的前期大量投入。且科研工作难于以类似计件的方式量化考核，短时间内也常常无法看到成果，甚至有科研失败的风险，因此应为其设置合理的薪酬制度，为科研人员潜心研究提供稳定的收入保障和收入预期。而与应用研究人员相比，基础研究人员从事的研究工作成果更加难以实现实时转化或在短期内看到显性产出，他们对于国有企业的贡献多为隐性贡献，更难体现在绩效中。因此应当区别对待基础研究人员和应用研究人员，对他们的薪酬实施分类管理，采取符合其工作周期性特点和成果转化特点的业绩考核和薪酬分配方式，以确保各类研究领域都能够储备足够的优秀人才。

一是进一步提高基础研究人员稳定收入比例。在国有企业科研单位中，仅有极少数研究单位偏向基础性研究，总体上没有专门从事基础研究的机构和人才队伍。但是，仍然有必要建立基础研究人才序列和薪酬分配体系，鼓励科技人才从事基础研究，这是提升国有企业原始创新能力的重要源泉。基础科研人员的薪酬分配不应仅是简单地依据过去的业绩，还应看重科研人员所具备的科研能力和贡献潜力，为他们提供相对稳定的长期保障，使他们能够专注于其所从事的科研事业，无须为生活问题担忧。一方面，可进一步提高基础工资占比，为科研人员提供稳定的基本收入保障，并将绩效工资作为基础工资的有效补充；另一方面，可适当拉长考核周期，加强过程中的同行评议和交流反馈，将其薪酬稳定在行业较高水平，使其能够摆脱日常考核的繁琐流程和日常生活的经济压力，专心致志投身科学研究，并在其获得重要科技创新突破时，给予强有力的奖励。

二是在应用研究人员薪酬中突出自身贡献度。对于从事应用研究、技术开发、成果转化推广的人员，应更加坚持成果导向，着重评价技术创新能力、重大技术突破、成果转化收益、实际应用成效等，并以此作为确定薪酬标准的依据，将其薪酬和激励与科研成果转化情况相挂钩，使科研人员能够实实在在地获得科研成果的转化收益，从而提升其参与科研创新的动力和热情。同时构建以能力贡献为本、质量导向和注重创新激励的科研人员延期支付工资制度，避免科研人员为了片面追求短期效益而影响其从事长期重大科技创新活动的积极性。

3.3　变革人才创新制度环境

激发科研人员的活力，不能局限于从科技部门找根源，甚至不是科技一个部门的事情，上级单位各条线对科研机构的管控体制是重要的影响因素。积极向国家争取政策支持，在成本核算和计划管理方面对科研企业给予较大的灵活空间，适应科研管理的规律要求，着力深化人才体制机制改革，减少科研人员束缚，为科研人员营造更加自主化的工作环境和制度环境，不断激发科研人员创新创造的内生动力。通过建立符合适合科研规律的管理体制机制，塑造相对自由宽松的环境，激发科研单位的创新活力，提升科技人员创新积极性。

3.3.1　加大科研机构和人才自主权

推动科技领域"放管服"改革力度，减少对微观科研活动的行政干预，充分尊重和信任科研人员，充分赋能于创新团队，给予他们更多的研究自主权和资源分配权，使科研机构在开展项目研究过程中能够根据项目的进展情况实时开展相关工作，使科研人员能够更加灵活地应对科研工作中的各种紧急情况，避免由于自主权缺失、审批流程烦琐等原因对项目推进造成延误和阻滞。

一是赋予科研机构更大的自主权。深入推进下放科技管理权限工作，优化总部管控方式，加大向科研单位放权力度，尽量减少干预或不干预，给予更多自主权，让科研单位放开手脚、有施展空间。对当前依据事前计划、预算和审批，依据使用科研经费的僵化管理制度进行优化，切切实实减轻科研人员负担。如可以建立负面清单制度，将科研经费管理权限下放企业自主管理，同时审计、巡查政策也要做出相应的调整，真正提高企业科研经费使用的灵活度和自主权，从根本上改变国有企业用管生产的方式管科研，真正削减科技人员的科研束缚。此外，还应大力推行"备案制"，将预算调剂、仪器采购、人事调整等工作的审批权下放，由项目承担单位自主决定，并报上级单位或总部备案，使科研机构能够迅速、灵活、快捷地根据项目开展的实际情况随时对人员、资源以及各类资源进行调整，以便更好地适应科研项目的不确定性。

二是赋予科研人员更大的自主权。建设科研项目负责人制度，提升项目负责人资质门槛，给予项目负责人一定的预算调剂权和技术路线选择调整权限，给予项目负责人对团队成员绩效考核权和奖金分配权，给予项目负责人组建团队成员的选择权。在基础研究领域，要适应其研究周期长、研究方式灵活、失败率较高、成果难以直接转化等特点，要提高对科研人员的包容性，尝试项目经费"包干制"改革，由科研团队自主决定使用经费的细项条目如何使用，避免把科研经费"管死"。将科研人员从预算编制和经费使用的"条条框框"中解放出来，根据科研活动的要求与进展去自主配置科研资源，并将监管重点放到对经费使用真实性、合理性的事后审查，如建立抽查制度和定期审核制度。

3.3.2 建设开放包容的创新文化

创新文化是近年来国有企业广泛提倡和宣扬的重要文化理念，但是一直以来并没有得到很好的落实。其根源在于原本的文化基因、官僚的体制、固有的管理模式，没有给探索创新留有空间。应当给予科研人员一定的自由空间，不论是专家领导，还是年轻科研人员，在科研问题面前都应该人人平等，让所有人都可以遵循科研工作规律和自己的意志开展相关研究工作，而不是一味地追求创造利益或是迎合上级需求。此外，科研工作充满着未知，在追求创新的过程中可能存在一定的变数甚至较大的风险，研究和创新失败时有发生，因此国有企业也需要营造宽容失败、允许试错、鼓励创新的科研环境。

一是打破科研行政化管理。科研活动具有较高的不确定性，尤其是对于技术研究类项目，事先无法准确预测到科研结果，也不可能在事先做好精准的计划和预算，往往具有较高的失败可能性。当前，国有企业对科研单位参照其业务实施运营管控，实质上是仿照管生产的方式管科研，对科研单位和科研项目实行严格的计划和预算管控，对科研项目的验收考核按照事先指标任务执行，科研人员疲于应对科研无关的流程工作，这不符合科技研发活动的规律要求。对于科研类企业管控模式的优化重就是要建立符合科研规律的管理体制机制，塑造相对自由宽松的环境，激发科研单位的创新活力，提升科技人员创新积极性。

二是营造宽松包容的科研学术环境。大部分科研项目都设置了较为严格的推进进度和结项时间，甚至将科研成果细化到固定的时间节点上。国有企业应为科研工作建立鼓励探索、允许失败的宽容环境，对科研要有战略耐心，既不能让科研按规划、计划去操作，也不能急于求成、务期必成，要允许科研人员自由探索，允许科研过程有失败。只有如此，科技人员才能敢想、敢创，不断突破。

3.3.3　改善科技人员工作软环境

习近平总书记在2018年"两院"院士大会上指出，"不能让繁文缛节把科学家的手脚捆死了，不能让无穷的报表和审批把科学家的精力耽误了"。但是在国有企业所属科研单位中，出于管理与监审需要，相关工作的审批和汇报流程往往较为烦琐，科技人员无法专心专注从事科研工作。如召开研讨会议，科研人员事前要从本部门到科研、财务等职能部门甚至更上一层级多位领导进行全流程审批，事后再进行一次全流程审批，中间稍有差错，就得补充若干次签报审批；再如每周、每月计划总结、各类学习汇报会议等，占用了科技人员太多的时间和精力，而真正用于创新的时间相对有限，在投入时间不够充分的情况下，取得的科研成果分量就不会太重。当然，有关政府部门经常性的政策要求、审计监察等也强化了国有企业流于形式的应对管理，造成了科技人员疲于应付事务性工作，降低了科技创新热情。

一是加大人员技术支持力度。面对日益严格的规范管理和巡视审计要求，各科研单位不得不一再细化经费管理要求、增加所需佐证资料，确保过程痕迹齐全、相关人员责任明确，从而有效防范经费管理风险。在工作量难以进一步压缩的情况下，通过增加专业人员分担相关工作，或者通过网上报销系统提高报销规范化、便利化水平，提高审批效率，均不失为减轻科研人员工作负担的有效方式。可以考虑为科研人员设置财务助理，由专人负责科研项目的预算编制、经费支出和财务决算等工作，并接管科研人员大部分财务工作，而非仅是负责核对单据、跑流程签字等，真正将科研人员从繁琐的财务工作中解脱出来。

二是提高科研人员对工作时间的灵活调整幅度。科研工作一般具有一定的周期性，容易出现特别忙碌和相对清闲相互交替的情况，在特别忙碌的时间里，科研人员几乎没有休息时间，不仅每天要加班到很晚，甚至周末和假期也无法正常享受，但是这些加班时间往往只能算作是"义务劳动"，无法得到应有的补偿；而在相对清闲的时间里，科研人员也必须要老老实实坐在办公室。鉴于科研工作的此种特性，国有企业可以设置适合科研人员工作实际的工作时间调整机制，使科研人员可以在相对清闲的时间里进行调休，以弥补此前因加班而无法正常享有的假期。

三是优化科研经费管理制度。科技项目经费管理相关流程冗长、所需材料复杂、审批环节过多是造成科研人员事务性工作负担过重的主要原因之一。科研项目的周期普遍较长，项目申报时往往难以对未来几年的花销进行精准预测，很多科研人员在项目结题时不得不绞尽脑汁，使项目执行期间的实际花销与预算能够完全对应。这样的经费管理制度既不符合科研工作的实际情况，也侵占了科研人员本应用于科研工作的时间。

3.4 优化人才成长培养体系

人才的成长与培养对于科研人员来说是一项长线投资，是科研人员激励机制的重要组成部分，科研人员虽然不一定能够即时从中获取实际效益，但是从长远来讲，成长激励的重要程度要远高于其他激励方式，因为这将成为其他激励水平提升的基础和前提。因而国有企业也应当对成长激励加以关注，构建满足科研人员成长发展的激励体系。

3.4.1 完善科技人才培训制度

科研工作是一项不断创新的工作，要求科研人员必须与时俱进，随时掌握社会时代和研究领域的最新变化与发展，深入了解与掌握最新的政策信息，实时关注与跟进相关研究领域的最新成果，以确保研究工作的创新性和针对性。此外，随着研究项目管理方式的不断升级改进，研究人员在团队合作和项目管理方面的能力要求也在不断提升，需要研究人员进一步拓展自己的能力边界、培养项目研究与管理的综合素质能力。除了依靠研究人员自身的努力外，国有企业提供的培训交流机会也是研究人员了解掌握外部形势动态、提升自身能力素质的重要途径。

一是建立健全符合科研人员工作特点的培训体系。总体的目标方向是构建一套完备的、适合科研人员特征的培训管理体系。重点针对科研人员设计培训内容，如创新思维的提升、创新的方法和工具等；重点改进和优化当前培训体系中普惠式培训，优化培训管理体系，提升培训管理的灵活性，拓展培训的视野，由当前的"请进来"向"走出去"迈进，增强科研人员培训过程的话语权。

二是进一步丰富科研人员培训交流形式。目前国有企业为科研人员提供的培训主要是以集中授课式或讲座式培训为主，形式相对单一和简单，科研人员获取知识的方式只能是被动接受。虽然这样的培训方式在解读新政策、传授新知识方面具有较大的优势，但是科研工作的开放性和包容性要求科研人员在被动接受知识灌输的同时，还需要聆听多方声音，并在实际学习中更多融入自己的思考与创新。因而科研人员需要更加多样化的培训方式，以满足不同知识学习的需要，如针对新政策、新概念、新技术，可采用集中式科普培训；针对政策和技术的实际应用，可多采取座谈会、讨论会的方式增加了解；针对前沿技术发展，可辅以现场参观，使科研人员能够更加直观地了解与感受技术的发展与应用。

3.4.2　优化科技人员职业发展通道

一是深化落实科研人员人才评价改革。国有企业科研人员当前职业晋升的标准多是以学历、职称、论文以及奖项等硬性条件为主，评价方式较为局限和教条，致使科研人员在开展科研工作的同时，不得不时刻关注自身的业绩，在撰写论文、评奖材料、提升学历等方面花费了大量时间，无形中给科研人员带来了较大负担。国有企业要尊重科研规律，将成果转化与应用作为主要的衡量标准与因素，逐步弱化以论文、专利、著作等在业绩考核中所占的比重。2018年 7 月，《中共中央办公厅　国务院办公厅关于深化项目评审、人才评价、机构评估改革的若干意见》提出，"突出品德、能力、业绩导向，克服唯论文、唯职称、唯学历、唯奖项倾向，推行代表作评价制度，注重标志性成果的质量、贡献、影响"。随后发布的《国务院关于优化科研管理提升科研绩效若干措施的通知》则强调，要"开展'唯论文、唯职称、唯学历'问题集中清理"。同年 8 月，科技部部署启动了减负专项行动，清理"四唯"正是其中的重点。国有企业应积极响应国家政策号召，落实科研人员减负行动，在人才评价工作中，更加注重研究成果的质量和影响力，强调成果的经济效益和社会效益。因此，国有企业要充分考虑基础研究周期长、不确定因素多、出成果慢的特点，在经费投入上保持连续性，在考核评价上体现差异性，让基础研究人员能够静下心来，一门心思搞科研。

二是打通管理与技术通道之间的壁垒。虽然目前国有企业所属大部分科研单位均已建立了管理与技术双通道的职业发展机制，但是科研人员在两条通道中的互换机制仍不完善。一般而言，各单位的管理通道与技术通道之间的对应关系均较为明确，即便是科研人员发生岗位调整也能够将其现有岗级准确对应到另一序列的相应岗级上，但是通道之间的对应关系往往忽略了不同序列之间晋升条件的差异。通常岗级晋升和人才评价等工作都是在相对固定的时间上开展，对于一名符合研究序列岗位晋升条件并即将晋升岗位的研究人员来说，如果他转为从事管理序列岗位工作，那么他将面对的则是要按照管理序列晋升要求重新积累相关业绩，这严重阻碍了科研人员的跨序列流动。因而国有企业要进一步明确科研人员跨岗位序列流动后的晋升机制，如为科研人员留有一定的转岗保护期、设置可替换的业绩评价要求等，打通不同晋升通道之间的壁垒，为科研人员跨岗位锻炼和晋升奠定坚实基础。

3.5 完善荣誉激励机制

国有企业当前的荣誉激励机制较为完善，科研人员对于国有企业的各类奖项设置也比较满意，但是荣誉激励的效果还没能得到充分体现，需要国有企业进一步明确荣誉激励的创新价值导向，加大荣誉激励力度，在国有企业中营造"比学赶超"的良好氛围。

一是突出创新价值的奖项设置。国有企业当前的荣誉激励机制已经比较完善，只是在奖项设置和评选方式上还较为传统，主要还是关注项目本身的重要性、理论性和实用性，创新性往往只是作为评价标准的一项，虽然所占比例通常不低，但是仍然难以凸显出研究成果的创新价值。因而国有企业应当考虑设置一些能够更加突出创新价值的奖项，如重大发明奖，并对具有较强创新能力的个人进行奖励，突出国有企业对于科研创新的激励导向。

二是加大对创新人物的宣传力度。与其他激励方式相比，荣誉激励更加注重的是精神层面的鼓励和奖励，然而国有企业一般只是通过发文或发放证书的方式对获奖人员进行鼓励，获奖人员也只是默默得知自己得了奖，奖项也一般只用于各类评价的资格审查中，激励效果甚微。建议国有企业进一步加强对典型人物、先进员工的宣传力度，像宣传劳模、时代楷模一样，宣传国有企业的创新人物，这一方面可以提升荣誉评选的透明度，使奖项更具说服力；另一方面也能够在使获奖者得到巨大精神激励的同时，为其他员工树立榜样和目标，产生激励效应。

国有企业中长期激励机制关键技术研究

4.1 股权与分红激励选择模型

4.1.1 政策条件梳理

国有科技型企业在选择股权或者分红激励方式时，首先需要考虑国家激励的相关政策，依据财资〔2016〕4 号、国资发分配〔2016〕274 号、国资厅发考分〔2017〕47 号以及股权和分红激励政策问题解答等文件，从企业类型范围的约束、企业实施条件的约束、激励对象的约束、激励方式的约束、激励额度的约束五个方面进行了梳理。

（1）**企业类型范围的约束。**实施股权激励和分红的企业类型有中国境内具有国有企业法人资格的国有及国有控股未上市科技企业（含全国中小企业股份转让系统挂牌的国有企业、国有控股上市国有企业所出资的各级未上市科技子企业），具体包括国家认定的高新技术企业、转制院所企业及所投资的科技企业、高等院校和科研院所投资的科技企业、纳入科技部"全国科技型中小企业信息库"的企业、国家和省级认定的科技服务机构。

（2）**企业实施条件的约束。**实施股权激励和股息激励的常规技术公司拥有明确的所有权、清晰的发展战略、标准化的管理、健全有效的内部治理结构，并同时满足以下条件：

1）企业建立了规范的内部财务管理制度和员工绩效考核评价制度。年度财务会计报告经过中介机构依法审计，且激励方案制定近3年（以下简称近3年）没有因财务、税收等违法违规行为受到行政、刑事处罚。成立不满3年的企业，以实际经营年限计算。

2）转制院所企业及所投资的科技企业、高等院校和科研院所投资的科技企业、纳入科技部"全国科技型中小企业信息库"的企业：近3年研发费用占当年企业营业收入均在3%以上，激励方案制定的上一年度企业研发人员占职工总数10%以上，成立不满3年的企业，以实际经营年限计算。

国家和省级认定的科技服务机构：近3年科技服务性收入不低于当年企业营业收入的60%。

3）企业成立不满3年的，不得采取股权奖励和岗位分红的激励方式。

（3） 激励对象的约束。激励对象为与本企业签订劳动合同的重要技术人员和经营管理人员，具体包括关键职务科技成果的主要完成人，重大开发项目的负责人，对主导产品或者核心技术、工艺流程做出重大创新或者改进的主要技术人员；主持企业全面生产经营工作的高级管理人员，负责企业主要产品（服务）生产经营的中、高级经营管理人员；通过省、部级及以上人才计划引进的重要技术人才和经营管理人才。**激励对象的范围界定方面，**企业不得面向全体员工实施股权或者分红激励，企业监事、独立董事不得参与企业股权或者分红激励。**激励对象需达到的条件方面，**股权奖励的激励对象仅限于在本企业连续工作3年以上的重要技术人员，岗位分红的激励对象应当在该岗位上连续工作1年以上，且原则上每次激励人数不超过企业在岗职工总数的30%。激励对象可享受激励的次数方面，对同一激励对象就同一职务科技成果或者产业化项目，企业只能采取一种激励方式、给予一次激励。对已实施股权激励对象，企业在5年内不得再对其实施股权激励。

（4） 激励方式的约束。股权奖励需要满足近3年税后利润累计形成的净资产增值额应当占近 3 年年初净资产总额的 20%以上，实施激励当年年初未分配利润为正数，其中包括股权出售和股权奖励还需要被奖励人员以不低于 1:1 的比例购买股权，股权期权仅小、微型企业可采用。分红激励方式包括项目收益分红、岗位分红（近 3 年税后利润累计形成的净资产增值额应当占企业近 3 年年初净资产总额的 10%以上，且实施激励当年年初未分配利润为正数）。**激励方式年限限制方面**，岗位分红有效期原则上不超过 3 年，股权期权行权有效期不超过 5 年。

（5）**激励额度的约束。**大、中、小型（包括微型）企业股权激励总额不超过企业总股本的 5%、10%和 30%，且单个激励对象获得的激励股权不得超过企业总股本的 3%。企业用于股权奖励的激励额不超过近 3 年税后利润累计形成的净资产增值额的 15%，企业实施股权奖励，必须与股权出售相结合，且获得的股权奖励按激励实施时的评估价值折算，累计不超过 300 万元。岗位分红不高于被激励对象薪酬总额的 2/3。项目收益分红的原则占比方面，若企业未规定或约定，则按照不低于 50%的比例从科技成果转让净收入或许可净收入形成的股份或出资比例中提取进行奖励。

4.1.2　选择模型构建

国有科技型企业在选择股权或者分红激励方式时，除了需要考虑国家激励的相关政策，还需要综合考虑激励目的、业务特性和企业自身实际情况，选择合适的某种激励方式或某几种组合的激励方式。通过查阅相关政策、企业实际调研、专家讨论，将"政策条件""激励目的""企业规模""业务特性""成立年限"五个维度作为选择激励方式的关键要素，具体见表 4-1。

国有科技型国资背景决定了在设计激励机制时，必须满足国家相关激励政策的要求。财资〔2016〕4 号、国资发分配〔2016〕274 号、国资厅发考分〔2017〕47 号以及股权和分红激励政策问题解答等，都对股权和分红激励方式进行了明

表4-1　　　　　　　　　　　　激励方式选择考量点

关键要素	激励方式	分红激励		股权激励		
		岗位分红	项目收益分红	股权奖励	股权出售	股权期权
政策条件		满足国家政策对企业类型范围、实施条件、激励对象、激励方式和激励额度等方面的约束				
激励目的	长期激励			√	√	√
	短期激励	√	√			
业务特性	无成果转化	√		—	—	—
	有成果转化	√	√	—	—	—
企业规模	大中型企业	—	—		√	√
	小微企业	—	—	√	√	√
成立年限	不足三年		√			
	大于三年	√	√	√	√	√
建议选择方式		优先支持	符合条件开展	试点经验基础上逐步推进		

确的规定和详细的阐释。因此，在构建国有科技型企业激励选择模型时，首先需要满足政策条件的要求，即企业类型范围、实施条件、激励对象、激励方式和激励额度等方面的约束要求。对于满足政策条件的企业而言，需要综合考虑"激励目的""企业规模""业务特性""成立年限"四个方面的因素，从而得出适合每类企业的激励方式选择建议，这些因素并不是并行的维度，而是一个空间矩阵式的，存在相互交互关系。本文借鉴决策树选择模式的思路构建激励方式选择模型，具体分析步骤如下。

步骤一：针对符合政策条件的企业，首先需要根据激励目的，决定选择股权激励、分红激励，还是两者的组合。

分红激励是中短期激励，股息激励是递增的，只有在创造价值时才给予奖励；股权是长期奖励，奖励的金额来自未来的股权升值。分红激励选择的对象有一定的限度，但是风险度较低；股权激励能实现企业发展与员工发展的一致性，但是存在国有资产流失的风险等。因此，符合政策条件的企业可根据激励目的选择股权激励或者分红激励，如果实施长期激励可选择股权激励；如果实施中短期激励可选择分红激励，具体如图4-1所示。

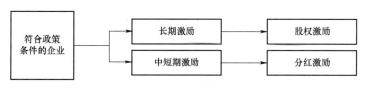

图4-1　激励方式选择模型步骤一

股权激励作为一种长期激励方式，能够更好地将企业利益和个人利益捆绑在一起，更有助于提升员工对于企业的归属感和忠诚度。同时，股权激励降低即期现金支出，保证现金流顺畅运转。但在国有企业开展股权激励如果处置不当，存在一定的国有资产流失风险压力。基于激励目的和风险控制的双重考虑，股权激励方式需要慎重进行选择，可以尝试在新成立的小微型企业试点；相比较而言，分红激励为中短期激励，风险小、易操作，是国有企业的首选方式，同时可用于进行二次分配，适用于集团下属科研单位、产业单位用来配合股权激励实施。

步骤二：针对采取分红激励的企业，需要根据业务特性，决定选择岗位分红、项目分红，还是两者的组合。

在企业明确了选择分红激励的前提下，根据业务特性，选择项目分红或者岗位分红。如果企业没有可转化的科研成果或转化价值难以核定和分配，则采取岗位分红方式；如果企业成果可以进行转化和价值核定，则可采用岗位分红、项目分红或两种相结合的方式，具体如图4-2所示。

在条件符合的情况下，具体选择岗位分红、项目分红，还是两者相结合的方式可依照以下建议：

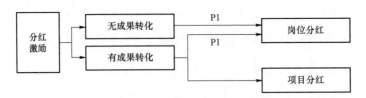

图 4-2　激励方式选择模型步骤二

注：P1（条件 1）：成立年限大于 3 年，近 3 年税后利润累计形成的净资产增值额
占近 3 年年初净资产总额的 10%以上。

（1）如果科技成果转化频率低、周期长，价值在短期内无法衡量，若想短期达到激励效果则采用岗位分红方式；

（2）如果科技成果转化后的收益难以衡量，价值分配存在较大困难，则建议采取岗位分红方式；

（3）如果科技成果转化周期短，转化价值及分配能够较为清晰地界定，可采取激励针对性更强的项目分红方式，本文建议综合采取岗位分红和项目分红，这样便于扩大激励对象覆盖范围，更加激发科技人员活力。

步骤三：对于采用股权激励的公司，有必要根据企业规模决定是选择股权出售、股权奖励、股权分配，还是三种方式的结合。

在企业明确了选择股权激励的前提下，如果该企业属于大中型企业，则仅能采取股权出售和股权奖励的激励方式，不得采取股权期权激励方式（财资〔2016〕4 号规定）。如果该企业属于小微企业，则三种方式均可采用，具体如图 4-3 所示。

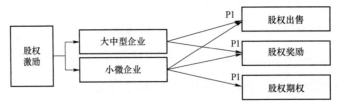

图 4-3　激励方式选择模型步骤三

注：P1（条件 1）：成立年限大于 3 年。此外，股权奖励还需要满足近 3 年税后利润累计形成的
净资产增值额占近 3 年年初净资产总额的 20%以上。

对于国有大中型企业而言，首选股权出售的方式。对于小微企业而言，除了选择股权出售和股权奖励两种激励方式外，还可采取股权期权的激励方式，该方式适用于成立初期资金尚不充足但需要达到激励效果的小微企业。如果企业市场化程度较高，可以选择股权出售和股权期权两种方式，科技含量高的企业通常采取股权奖励与股权期权。

将上述三个选择步骤归纳在一个模型里，得到股权和分红激励方式选择模型，具体如图4-4所示。

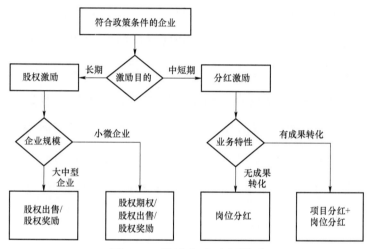

图4-4　激励方式选择模型

注：如果企业成立不满3年的，不得采取股权奖励和岗位分红的激励方式。

4.1.3　选择模型实证分析

国有科技型企业需要综合考虑自身发展、股权及分红激励的适用条件，结合各激励方式的优劣势，根据本文构建的股权与分红激励选择模型，"因业、因企、因地"实现差异化的激励机制。产业单位以项目分红激励为主，辅之以其他激励方式；科研单位以岗位分红为主，辅之以其他激励方式。下面依照该模型和国有企业下属科技型企业的具体情况，提出科技型企业进行激励方式选择的具体建议。为便于讨论，将国有企业下属科技型企业分为研究开发单位、软科学/设计科研单位、产业单位及成果应用单位四大类。

（一）研究开发单位

对于研究开发单位，较产业单位而言，由于主要从事前端研究工作，科技成果的转化周期偏长，缺乏短期内可以直接转化的科研成果，或存在转化成果的价值不易核定且不易分配的情况，为达到激励效果，建议**在前期阶段采取以岗位分红为主的激励方式**。

随着激励效果显现，科研成果转化更加顺畅，转化机制更加健全，价值核定和分配机制逐渐形成，可**逐渐过渡为开展激励针对性更强、激励幅度更大的项目收益分红方式**。但考虑这类科研单位同时开展基础研究和应用研究，建议可以**采取岗位分红和项目收益分红相结合的方式，对于从事基础研究的相关核心人员设置岗位分红，对从事应用研究的科研人员设置项目收益分红**，使得从事不同类别研究的骨干科研人员及相关管理人员都可享受到一定激励，从而避免由于仅采取某一类激励而导致的从事另一类研究的科研人员积极性受挫的现象。

（二）软科学/设计科研单位

对于软科学/设计科研单位，由于研究性质一般**较少产生可直接转化的科研成果，为达到激励效果，建议采取岗位分红的激励方式**，对激励对象的岗位价值、岗位绩效、科研成果等方面进行综合评价，形成分红激励标准并据此进行激励分配。

（三）产业单位

对于国有企业产业单位，主要从事科技成果转化工作，可以**采取项目收益分红的方式，更具针对性地促进科技成果转化**。同时辅以适当的**岗位分红**，从

而激励整体贡献较大但无法在单次项目收益分红中受到激励的人员。对于产业单位的所属上市国有企业，由于其处于较为充分的市场竞争中，需要更好地激励和留住核心骨干人才，但是财资〔2016〕4 号并不适用于上市国有企业，建议参照《国有控股上市国有企业（境内）实施股权激励试行办法》（〔2006〕175号），对科技人员实施股权激励。同时，**参照《促进科技成果转化法》，开展项目收益分红激励**。

（四）成果应用单位

对于成果应用单位，由于其从事的科研工作大多为技术服务，较少产生可直接产业化的科研成果，因此建议**在激励开展的前期阶段以岗位分红的激励方式为主**。随着激励效果显现，科技成果产业化进程加速，转化机制更加健全，价值核定和分配机制逐渐形成，可逐渐过渡为项目收益分红和岗位分红相结合的形式。

4.2　岗位分红关键点解决方法

岗位分红作为一种短期激励方式，激励作用在短期内即可显现，有效益就可以进行分红。岗位分红操作相对简单，适用范围广，是国有科技型企业主要采用的一种激励方式。2017—2019 年拟开展激励工作的 120 余家企业，其中分红激励占 75%，股权激励占 25%左右。

根据岗位分红的特征，在详细分析和解读激励政策的前提下，把岗位分红激励方案设计模型概括为以财资〔2016〕4 号为基础准绳，在明确绩效和管理的基础上，以企业激励的最终目标为指导，通过明确激励对象、确定激励金额和分配方法来实现岗位分红激励。

4.2.1 确定激励对象

政策体系下激励对象的选取。激励对象首先要满足财资〔2016〕4 号中的规定，需要满足：激励对象应该与本企业签订劳动合同。具体包括：一是在科技创新和成果转化过程中发挥重要作用的技术人员，包括关键职务科技成果的主要完成人、重大开发项目的负责人、对主导产品或者核心技术及工艺流程做出重大创新或者改进的主要技术人员。二是支持企业全面生产经营工作的高级管理人员，负责企业主要产品（服务）生产经营的中、高级经营管理人员。三是通过省、部级以上人才计划引进的重要技术人才和经营管理人才。

同时，也非常明确指出以下人员不得列入激励对象的范畴中：一是未与企业签订劳动合同的人员，包括事业编制人员以及人事代理、劳务派遣、劳务外包等其他人员。二是企业监事、劳务派遣、劳务外包等其他人员。三是与企业科技创新和成果转化无直接关联的管理人员。四是有关政策法规明确不得成为激励对象的人员。

为了更好地确定岗位分红激励的对象，我们构建了岗位价值评估体系，明确各岗位在企业的相对价值与排序，构建岗位与分红之间的关系，从而来确定岗位分红的对象。岗位价值评估主要从两个方面展开：一是岗位的环境；二是岗位的需求。其中岗位的环境主要从岗位的人员管理、对国有企业管理的影响力、决策与授权情况三个维度来衡量；岗位的要求从专业技术资格、协同合作能力、学习与解决问题能力、基础能力（包括学历、工龄、司龄、职称）四个维度来衡量。最后，通过专家打分表，确定岗位的重要性与岗位价值，从而确定激励对象。

不同类型单位企业激励对象的选取。首先，必须满足三项基本条件：一是应当通过公开招聘、企业内部竞争上岗或者其他市场化方式产生。二是应当在该岗位连续工作 1 年以上。三是每次激励人数不得超过企业在岗职工总数的

30%。其次，在遵循相关规定的前提下，结合企业发展的目标，激励对象的选取必须具有针对性和导向性。就国有企业科研单位而言，**技术科研单位**可以将重要技术人员和经营管理人员作为岗位分红的激励对象，如重要技术人员是指承担国有企业及以上重大技术攻关，且在技术发展中起到关键作用的个人；经营管理人员是指直接负责企业主要技术科研、生产经营的直接开发/经营管理人员。**软科学/设计科研单位**可以将承担国有企业领导重点关注的战略课题负责人、承担国有企业重要发展改革创新任务的项目负责人以及与此类项目直接相关的管理人员作为激励对象。**产业单位**可以将所有科技成果转化相关的项目负责人及直接的管理人员作为激励对象。

4.2.2 确定激励总额

政策层面激励总额的确定。一是以反映企业盈利能力或价值创造的绝对指标（如税后利润、税后利润增加值、经济增加值、经济增加改善值等）作为计提基数，科学设计计提模式，并确定合理的计提比例。二是**年度分红激励总额不得高于当年税后利润的15%**。企业分红激励计提模型设计可依据自身需求导向选择存量模式、增量模式、存量+增量模式等方式，关于各模式计提的计提指标、计提比例、激励导向及模式分析见表4-2。

表4-2　　　　　　　　激励金额的确定

计提模式	计提指标	计提比例	激励导向	模式分析
存量模式	净利润	净利润增长率	保持规模	
增量模式	经济增加值	经济增加值增长率	业务增长	适合成长期的企业
存量+增量模式	主营业务利润	对标前3年增长情况	国有企业发展	适合稳定发展期的企业

企业层面激励总额的确定。一般来讲，激励总额的提取依据需要根据企业的发展目标来确定。如以"做强"为主要战略目标的企业可选取**净利润、净利**

润增加值等效益类指标作为提取依据，以"做大"为主要战略目标的企业可选取收入、收入增加值、合同额等规模类指标作为主要提取依据。**设置提取比例的权重也是岗位分红的关键。**原则上，实施岗位分红的企业提取比例的权重设置应体现增量激励和效益导向原则，且当期净利润增加值与净资产收益率挂钩。总体来讲，激励总额的计提有如下三种方式：

总额提取公式之一为

$$激励计提总额=存量激励额=激励标的指标\,1\times x\%$$

其中，激励标的指标 1 可以是利润、收入、合同额等。

x 是存量计提比例，可以是利润增长率、收入增长率、合同额增长率等。

总额提取公式之二为

$$激励计提总额=存量激励额+增量激励额$$
$$=激励标的指标\,2\times y\%+激励标的指标\,3\times z\%$$

其中，激励标的指标 2 可以是利润、收入、合同额等。激励标的指标 3 可以是利润增加额、收入增加额、合同增加额等。

y 是存量计提比例，可以是利润增长率、收入增长率、合同额增长率等。z 是增量计提比例，可以与增长率挂钩，也可是固定的比例。

总额提取公式之三为

$$激励计提总额=增量激励额=激励标的指标\,4\times m\%$$

激励标的指标 4 可以是利润增加额、收入增加额、合同增加额等。

m 是增量计提比例，可以是增长率或者固定的比例。

4.2.3　确定个人分配

政策层面个人分配额度的确定。一是根据岗位在科技成果产业化中的重要性和单个激励对象的贡献，确定不同岗位激励对象的红利标准。二是激励对象个人年度分红所得不得高于其年度薪酬总额（不含分红所得）的 **2/3**。三是同一企业内激励对象个人最高和最低激励额度的倍数设定应当充分考虑岗位价值评估结果，并且根据个人贡献、企业内部收入分配关系等因素综合确定。

企业层面激励分配的确定。企业在确定个人岗位分红分配系数时，应考虑岗位所处的岗位序列（如管理序列，技术序列）、所属机构（如国有企业领导、所属业务领导、业务中心等）、涉及的具体岗位范围等因素，建立基于岗位职责、个人业绩能力的岗位分红激励分配办法。即能够区别、衡量激励体系中各种岗位工作的差异性以及对国有企业整体目标相对贡献的大小。其中包括一次分配和二次分配，具体核定可按照以下公式进行：

个人分配额度公式为

个人岗位分红激励额度＝个人分红系数×分红激励总额

个人分红系数＝（个人岗位价值系数×个人绩效考核系数×

个人贡献度系数）/Σ本单位本类受激励人员（个人岗位价值

系数×个人绩效考核系数×个人贡献度系数）

其中，个人岗位价值系数：根据员工职业发展通道中各序列、各岗级的价值排序得出；

个人绩效考核系数：根据激励对象年度绩效考核结果确定；

个人贡献度系数：根据激励对象对本职工作的贡献多少确定，该系数由激励对象所在单位成立考评小组进行评定。

4.3　项目分红关键点解决方法

项目收益分红作为一种中短期激励方式，可直接与项目挂钩来激励关键人员，有利于促进科技成果转化，激励对象针对性强。**奖励的是增量，国有资产流失风险小。**但科技成果应归因于企业内部共享，净收入可能不好计算，分配比例等不易确定，实施难度稍大。部分项目收益所需时间周期长，具有不确定性等问题。

与岗位分红相比，项目收益分红除了需要满足财资〔2016〕4 号中规定的业绩和管理之外，还需要在确定分红项目的基础上，通过明确激励对象、确定激励总额及分配方式实现项目分红激励。

4.3.1　确定分红项目

政策层面项目的确定。项目收益分红激励是指企业通过成果的转让（许可）、有价投资、自营或合作执行等方式转化为与工作相关的科学技术成果，以所得收益为目标的、采用项目收益分成方式对激励对象实施激励。项目收益分红，在职务科技成果完成、转化后，按照与重要技术人员约定或企业有关规定，合理确定激励额度（包括提取模式、比例等）和执行时限。针对不同类型的成果转化方式，采取不同的计提方式，主要包括三大类：一是该项职务科技成果转让、**许可给他人实施的**，以该项科技成果转让净收入或许可净收入作为提取基数，按约定或规定比例提取激励额度，原则上一次性激励到位。二是利用该项职务科技成果**作价投资**，以科技成果作价入股的股份（或出资比例）形成的投资收益作为提取基数的，按照约定或规定比例提取激励额度，原则上有效期不得超过 5 年；以职务科技成果作价入股形成的股份（或出资比例）作为提取基数的，应当按照股权激励有关规定约定的相应激励额度、比例和其他事项实施激励。三是该项职务科技成果自行实施或者与他人合作实施的，应当在实施转化成功投产后连续 3～5 年，按照约定或规定比例每年从实施该项科技成果的营业利润中提取激励额度。

企业层面项目的确定。如何确定项目收益分红的项目，是项目分红的难点和关键点，在政策的范围内，项目建议选择已产业化或即将产业化阶段，可利用分红激励政策，促进项目快速发展。同时，需明确定义项目范围、项目成员、项目周期及项目收益核算办法等，即如何有效地核算、审计项目收益，避免项目收入、费用分摊等问题。总体而言，项目的选取以成果转化为导向，最好选择独立的新项目实施项目分红激励，避免对已完成的项目或者存续期的项目进行激励。

4.3.2 确定激励对象

政策层面激励对象的确定。激励对象首先要满足财资〔2016〕4 号中的规定：与本企业签订劳动合同的重要技术人员和经营管理人员。其次激励对象应该为与确定的分红项目相关的研发和转化的负责人、主要完成人、核心技术人员、经营管理人员。激励对象的确定包含两种情况：

情况一：财资〔2016〕4 号中第二十三条企业实施项目收益分红，应当依据《促进科技成果转化法》，在职务科技成果完成、转化后，按照企业规定或者与重要技术人员约定的方式、数额和时限执行。企业制定相关规定，应当充分听取本企业技术人员的意见，并在本企业公开相关规定。

情况二：企业未规定、也未与重要技术人员约定的，按照下列标准执行，如图 4-5 所示。

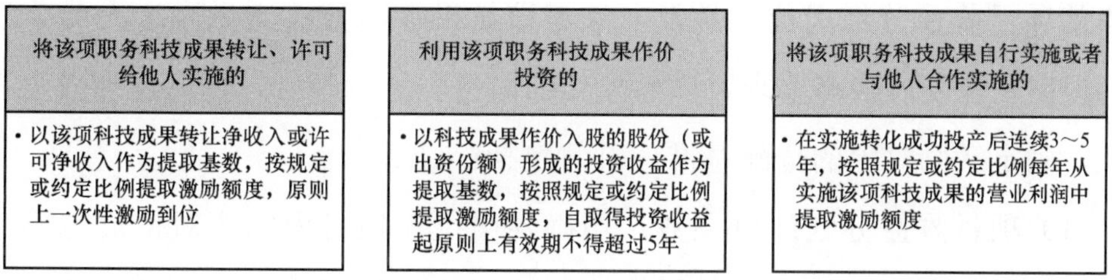

将该项职务科技成果转让、许可给他人实施的	利用该项职务科技成果作价投资的	将该项职务科技成果自行实施或者与他人合作实施的
· 以该项科技成果转让净收入或许可净收入作为提取基数，按规定或约定比例提取激励额度，原则上一次性激励到位	· 以科技成果作价入股的股份（或出资份额）形成的投资收益作为提取基数，按照规定或约定比例提取激励额度，自取得投资收益起原则上有效期不得超过5年	· 在实施转化成功投产后连续3～5年，按照规定或约定比例每年从实施该项科技成果的营业利润中提取激励额度

图 4-5 项目收益分红激励对象执行标准（企业未规定情形）

4.3.3 确定激励总额

项目收益分红作为一种中短期激励方式，其额度计提方式为：分红激励总额整体设计将与项目发展创造的收益挂钩，引导项目核心员工通过项目价值的创造实现共赢，以实现项目价值创造与激励对象的利益共享。

目前，政策已经明确了项目收益分红的"约定"条款要求项目收益分红额度计提方式可以选择**按项目净收益计提**或**按项目净收益与其增量计提**。

提取方式 1：项目因所处行业特点及政策影响导致收益波动性较大，一般采用增量与存量计提的方式。

$$分红权激励总额=项目净收益存量×x\%+项目净收益增量×Y\%$$

计提比例 X：项目净收益率＝当年项目净收益/当年项目销售收入

计提比例 Y：项目收益增长率＝当年项目净收益/上一年项目净收益

提取方式 2：项目因所处行业及政策影响处于上行发展等原因，一般采用增量计提的方式。

$$分红权激励总额=项目净收益增量×Z\%$$

计提比例 Z：项目增长率＝当年项目净收益/上一年项目净收益。

4.3.4 确定个人分配

项目收益分红的额度分配应在确定项目整体收益分红的基础上，按照激励对象的项目收益分红岗位系数及业绩考核结果等因素核定激励个人的分红比例。根据企业发展战略要求，以标准化的岗位职责为基础，以岗位绩效考核为手段，确定激励对象的分配基准。具体包括：

（1）**项目收益分红岗位系数**：明确各岗位在项目内的相对价值与排序，从而建立岗位之间分红的系数关系，达到岗位价值越大，分配系数就越高的效果。

（2）**个人业绩考核结果**：在企业业绩考核达标的基础上，根据激励对象每年的绩效考评结果确定岗位任职者的业绩考核系数，并将其作为项目收益分红分配依据。

$$个人项目收益分红=个人分配系数×项目收益分红激励总额$$

$$个人分配系数 =（该激励对象分红岗位系数 × 激励对象业绩考核系数）/$$
$$分配权重综合值 × 100\%$$
$$分配权重综合值 = 各激励对象分红权权重 × 各激励对象业绩考核系数$$

4.4　股权激励关键点解决方法

股权激励是一种通过经营者获得国有企业股权形式给予企业经营者一定的经济权利，使他们能够以股东身份参与企业决策、分享利润、承担风险，从而勤勉尽责地为国有企业长期发展服务的一种激励方法。

4.4.1　确定股权激励方式

根据《国有科技型企业股权和分红激励暂行办法》，股权激励的方式一般包括股权出售、股权奖励、股权期权 3 种。

我们从企业和激励对象 2 个维度 9 个方面的影响来确定股权激励的方式。从企业影响因素维度包括四个指标：企业激励成本、利益捆绑效果、留用效果、现金流要求；从激励对象维度包括 5 个指标：激励力度、税赋压力、激励风险、资金要求、与业绩挂钩。按照对不同激励方式的影响程度确定了一个量表，企业可以根据这个量表自主选择激励的方式。

国有企业可依据相关政策要求，综合考虑企业规模、发展阶段、发展战略、管理规范程度、经济实力等因素，选择适用于国有企业实际的激励方式，具体见表 4-3。

表 4-3　　　　　　　　股权激励主要模式对比及适用范围

序号	激励模式	定义	适用范围
1	股权出售	让激励对象持有一定数量的本国有企业的股票，这些股票激励对象自行出资购买	符合激励实施基本要求的企业

序号	激励模式	定义	适用范围
2	股权奖励	让激励对象持有一定数量的本国有企业的股票，这些股票是由国有企业无偿赠予激励对象	成立 3 年及以上，近 3 年税后利润累计形成的净资产增值额应当占近 3 年年初净资产总额的 20% 以上，实施激励当年年初未分配利润为正数，符合激励实施基本要求的企业
3	股权期权	国有企业赋予激励对象购买本国有企业股票的选择权，激励对象可以在规定的时期内以事先确定的价格购买国有企业一定数量的股票，也可以放弃，但不可转让	符合激励实施基本要求的小、微型企业

4.4.2　确定股权激励对象

根据《国有科技型企业股权和分红激励暂行办法》相关规定，股权激励的对象应为与本企业签订劳动合同的重要技术人员和经营管理人员，其中股权奖励的激励对象，仅限于在本企业连续工作 3 年以上的重要技术人员。

一般而言，股权出售和股权期权的激励对象应包含中高层管理人员、核心业务骨干及核心技术人员，可结合企业发展的实际情况，坚持以岗位为核心，以科技成果转化为基本原则来确定股权激励对象。采用三步法确定激励对象"序列–岗位–对象"三步法模型，赋予不同权重。激励对象的确定可以参照如下方法：

激励对象个人综合得分（价值）＝（部门系数*a）＋（司龄系数*b）＋

（职级系数*c）＋（薪酬系数*d）

其中 $a+b+c+d=1$。

4.4.3　确定激励总量及个人授予数量

（一）确定激励总量

财资〔2016〕4 号中规定，大型企业的股权激励总额不超过企业总股本的

5%，中型企业的股权激励总额不超过企业总股本的 10%，小、微型企业的股权激励总额不超过企业总股本的 30%；其中企业用于股权奖励的激励额不超过近 3 年税后利润累计形成的净资产增值额的 15%；且企业不能因实施股权激励而改变国有控股地位。

各企业可根据本企业发展的实际情况以及资产规模来确定用于股权激励的总量，一般而言，初创与发展期的企业用于股权激励的总量要小于发展处于稳定期的企业，资产规模较大的企业股权激励总量占国有企业股本比例应相对较低。

（二）确定个人授予数量

财资〔2016〕4 号中规定，小、微型企业的单个激励对象获得的激励股权不得超过企业总股本的 3%；单个获得股权奖励的激励对象，必须以不低于 1:1 的比例购买企业股权，且获得的股权奖励按激励实施时的评估价值折算，累计不超过 300 万元。

各企业在确定个人授予数量时，需要考虑以下因素：

一是激励对象岗位价值，即该岗位对国有企业发展的重要程度和对业绩的贡献程度；

二是股权未来价值，即根据激励股权到期时的市场价格和激励对象的预期薪酬，反推股权数额；

三是实际激励效果，要综合考虑国有企业内部和行业整体薪酬水平、激励情况等因素，确保激励效果达到预期水平。

4.4.4 确定股权激励的行权价格

根据财资〔2016〕4 号相关规定，企业用于股权奖励的激励额，应当依据经核准或者备案的资产评估结果折合股权，并确定向每个激励对象奖励的股权；小、微型企业在确定行权价格时，应当综合考虑科技成果成熟程度及其转化情况、企业未来至少5年的盈利能力、企业拟授予全部股权数量等因素，且不低于制定股权期权激励方案时经核准或者备案的每股评估价值。一般可采取资产价值评估定价法、净现金流量折现法、市盈率定价法、市场评估定价法和组合定价法等方式设定行权价格，具体见表4-4。

表4-4　　　　　　　　　　　股权激励行权价格确定方法

序号	定价方法		计算方式
1	资产价值评估定价法	净资产定价法	（1）计算出国有企业净资产； （2）设定国有企业总股本； （3）国有企业股份价值＝净资产/总股本
2		综合定价法	（1）综合考虑销售收入、净利润与净资产定价等，通过赋予他们不同的权重，计算出国有企业的总价值； （2）设定国有企业的总股本； （3）国有企业股份价值＝总资产/总股本
3		有形＋无形资产定价法	（1）对国有企业有形、无形资产分别赋予不同的权重，计算国有企业总价值； （2）设定国有企业的总股本； （3）国有企业股份价值＝总资产/总股本
4	净现金流量折现法		通过对公司未来的现金流量预测，评估公司未来盈利能力，并按照一定的贴现率计算出公司的净现值，从而确定股票价格
5	市盈率定价法		（1）股票价格＝每股收益×市盈率； （2）每股收益＝净利润/年末普通股股份总数； （3）市盈率＝普通股每股的市场价格/普通股每年每股的盈利（即股票每股税后收益）
6	市场评估定价法		（1）确定几家与本企业发展能力和盈利能力相近的国有企业作为参考企业； （2）根据参考企业的净利润、净资产或现金流量等股价指标算出参考国有企业相关指标的价值比例； （3）算出所有参考企业的平均比率，根据本企业的相同股价指标推断出企业的价值； （4）设置总股本； （5）企业股份价格＝总价值/总股本
7	组合定价法		将几种定价法组合起来确定股权激励的股价

4.4.5 确定股权激励的股权来源及期限

财资〔2016〕4 号规定，企业可采用以下方式解决激励标的股权来源：向激励对象增发股份、向现有股东回购股份以及现有股东依法向激励对象转让其持有的股权。

股权激励的有效期和行权期设置需考虑以下因素：

一是要符合法律法规的规定， 财资〔2016〕4 号规定，股权期权授权日与获授股权期权首次可行权日之间的间隔不得少于 1 年，股权期权行权的有效期不得超过 5 年；

二是要与国有企业阶段性目标相契合， 如国有企业计划利用 5 年时间达成某一阶段性战略目标，则激励的有效期也不应短于 5 年，这样才能够确定激励对象的贡献，并且使激励计划与国有企业发展战略密切相关；

三是不应超过激励对象劳动合同的有效期， 股权激励计划得以有效实施的前提是激励对象应为企业正式员工，如激励对象的合同终止日期在可行权日前，则增加了股权激励无法真正落实的风险，影响股权激励效果的达成。

4.4.6 确定授予条件与行权条件

股权激励的授予条件是指满足特定条件的激励对象才能被授予股权，如学历、工作年限、岗位以及岗级等。

股权激励的行权条件要与国有企业目标达成情况及激励对象业绩的完成情况相挂钩， 只有当国有企业和激励对象的业绩都达到要求时，激励对象才可以行权。国有企业可以根据业务实际开展情况将利润增长率、资产收益率、主营业务收入增长率等作为国有企业业绩指标，上市国有企业还可以选择国有企业市值、每股收益、每股分红等作为业绩指标。个人业绩指标则根据国有企业战略目标、整体业绩指标、岗位职能等确定。

　　此外，国有企业也要制定**无法行权时对于股权的处理方法**。当国有企业或者激励对象业绩两者或其中之一未能达到行权条件时，则当期的股权激励标的不得行权，一般该部分股权激励标的由国有企业注销或者按照原授予价格予以回购，尽量避免给激励对象造成损失。

5

结 论 与 建 议

5.1 主 要 结 论

本课题在梳理国有企业科技创新激励的现状和问题,结合科技创新激励前沿理论和实践经验,以及调研问卷的基础上,提出了科技人员综合激励框架思路和重点举措,构建了国有企业科研人员股权与分红激励方式选择模型,指出了不同激励方式的关键点及解决办法。

(1) 对科技人员,可以遵从经济激励、荣誉激励、成长激励和环境激励四个维度构成的激励模型,综合施措强化激励。

通过梳理科技创新激励相关文献,发现科技人员的特点主要表现在**个人特点、工作特点、成长特点和需求特点**四个方面,并结合科技人员特点针对性地提出从**经济激励、荣誉激励、成长激励和环境激励四个方面构建的科技创新综合激励理论模型**。经济激励包括员工的基本工资、绩效工资、福利奖金、津贴、医疗和股票期权等多种形式;荣誉激励包含授予奖项、荣誉称号,评选科技领军人才、先进工作者以及各类项目奖项;成长激励主要包括定期培训、知识共享、晋升通道等在内的有助于员工职业发展和提升自身知识水平的激励方式;环境激励主要包括员工工作的硬环境与软环境,硬环境是指办公设施、工作条件等,软环境包括组织氛围、国有企业制度、企业文化及企业形象等。**四种激励并不是独立存在的,而是相互作用、相互促进。**其中,将经济激励作为基础性的激励方式，起到保障科技人员生活的作用；荣誉激励、成长激励和环境激励作为有效补充，满足科技人员高层次需求，可以进一步激发科技人员创新活力。这四种激励因素通过满足科技人员不同层次的需要，形成了包含薪酬分配、绩效考核、职工发展以及创新文化在内的科技创新综合激励理论模型。

（2）国有企业当前的激励机制与科研人员需求还存在一定差距。

从整体上看，虽然国有企业科研人员的工作状态整体较好，但是国有企业的激励机制和激励水平距离科研人员的需求还存在较大差距。**各类科研人员对激励机制的满意度及需求均存在一定差异**，其中承担着主要科研任务的青年科研人员和高学历科研人员表现出了对改进激励机制的强烈需求。**在各类激励方式中**，科研人员对于经济激励的关注度和需求度最高，激励水平较低、分配方式趋于平均化是造成科研人员不满的主要原因；非科研型事务性工作过多、科研计划管控过严、工作弹性时间不够等情况，使得科研人员对环境激励的整体满意度不高；科研人员对成长激励的不满主要体现在成长通道不够通畅、培训交流机会较少等方面；虽然大部分科研人员对荣誉激励机制满意度较高，但是国有企业当前仍存在荣誉激励对于突出科研创新价值挂钩不强、重大贡献荣誉激励缺少的问题。

（3）在国有企业科技人员激励机制优化上，重点要推进薪酬改革提升经济激励，变革人才创新制度提升环境激励，优化人才成长培养体系提升成长激励，以创新价值为导向提升荣誉激励。

国有企业激励机制的优化完善要基于对国家创新政策因素、知识型员工激励特点、科研创新的内在差异性以及国有企业激励现实问题等多方面的分析与考虑。**在经济激励方面**，要大力推进科研机构的薪酬改革，通过岗位工资、绩效薪酬与分红激励相结合的薪酬兑现方式拉大薪酬分配差距，并对不同类型的科研人员实施薪酬分类管理；**在环境激励方面**，要变革人才创新制度环境，通过加大科研机构和人才自主权、建设开放包容的创新文化及改善科技人员工作软环境等方式，激发科研单位的创新活力，提升科技人员创新积极性；**在成长激励方面**，要优化人才成长培养体系，通过完善科技人才培训制度和优化科技人员职业发展通道，构建满足科研人员成长发展的激励体系；**在荣誉激励方面**，要突出创新价值的奖项设置、加大对创新人物的宣传力度，明确荣誉激励的创新价值导向、提升荣誉激励的作用。

（4）综合考虑政策条件、激励目的、业务特性、企业规模和成立年限等因素，构建股权和分红激励方式选择模型。

通过梳理和分析国家出台的相关政策、国有企业激励机制实践现状，以及查阅相关政策、企业实际调研、专家讨论，**将"政策条件""激励目的""企业规模""业务特性""成立年限"五个因素作为选择激励方式的关键要素，并借鉴决策树选择模式的思路构建激励方式选择模型**，为国有企业科技人员激励提供了决策方法。

5.2 政策建议

（1）减少政策实施约束条件，进一步提高企业自主权。

修订对岗位分红要求业绩增长的限定，交由国有企业集团确定标准。国有企业集团总部为下属单位确定功能定位、发展目标，制定有差异化的业绩考核体系，更能够有效确定好实施岗位分红激励后应该实现的目标要求，比如对下属科研类企业可能不会有经营业绩的要求，而对生产类企业会以经营业绩为主要目标，由集团总部来确定考核标准会更科学，不建议在政策文件中去做出统一划线的规定。如针对财资〔2016〕4号中规定激励额度、激励对象基本固化影响激励效果，弱化激励力度，建议政策上可以及时剔除绩劣员工，实时激励绩优员工，以取得稳定、长效的激励效果。允许企业选择多种方式组合激励，打破现有文件"以一种方式为主"的模糊规定限制，允许企业根据不同激励对象的特点，比如基础研究、应用研究、技术开发、成果转化等不同创新链条科研工作人员，以及科研人员和科研管理人员，分别实施差异化的激励方式，但同一人只能选择一种激励方式。同时，允许企业在不同发展阶段，可以动态调整优化组合激励方式。就分红激励方式而言，岗位分红相对静态，项目收益分红相对动态，两种方式共同实施效果更好一些。

（2）进一步扩大政策实施范围，适当加大激励力度。

扩大政策实施范围。改变当前稳妥推进股权激励、优先岗位分红激励的政策导向，要明确支持国有企业在战略性新兴业务领域开展股权激励，鼓励采取股权期权、股权出售等方式，加大对企业增量业务单位或者新创小微企业的激励力度，激发中央企业的创新发展活力，拓展新兴业务，促进国有企业优化布局结构、加快转型业务。同时，也要允许符合条件的上市企业的科研单位纳入政策范畴，适度加大激励力度。建议适当提高单个激励对象获得的股权奖励总额上限，适当提高单个激励对象获得的激励股权占企业总股本的比例上限，适当提到企业年度岗位分红激励总额占当年税后利润的比例上限，同时取消对股权奖励的激励对象要求在本企业工作年限的限制要求。

（3）加大政策宣讲与交流力度，增强政策可操作性。

加大政策宣讲力度。虽然制定了《关于〈国有科技型企业股权和分红激励暂行办法〉的问题解答》，并且开展了多轮次的企业培训和宣讲，但是企业在具体实践中仍然存在许多困难，对企业应用条件、激励对象要求、激励实施条件、激励计划管理和其他相关问题了解不足，需要系统地回答。因此，建议进一步加大政策宣讲力度，对政策进行深入解读，帮助企业解决对政策误读或理解不深入等问题。加大研究和经验交流。针对正在实施股权和分红激励的企业，通过调查研究，梳理在实操中遇到的现实难题，并加强理论和方法研究，进一步强化政策对实践操作的指导。对现有开展了试点的企业，及时加强经验总结，对典型成功案例进行材料汇编、解读，并通过召开企业交流研讨和加强培训等方式，分享成功实践经验。

（4）丰富国有企业科研人员的激励手段，健全完善立体化激励体系。

除了科研人员最关注的经济激励外，成长激励、环境激励也是科研人员关注的重要方面，采用多方式多方位的激励手段，不仅能满足员工差异化的需求，也能有效提升科研人员对激励机制的整体满意度，因而国有企业应进一步丰富激励手段，从不同角度加强科研人员激励。**一是进一步畅通科研人员的晋升通道，并适当降低职位对其他激励手段的影响，降低科研人员晋升压力。**目前，国有企业科研人员的晋升通道与其他岗位人员差异不大，还需进一步拓展专业晋升通道，为科研人员提供更多的发展空间。同时适当降低职位对其他激励手段，特别是经济激励的影响，避免科研人员为了能够享受更高的激励水平而过分看重职位晋升，使其能够全心全意开展专业工作。**二是简化事务性工作流程，建立容错纠错机制，减轻科研人员负担。**由于近年来各项监察、审计工作的不断加强，国有企业相关科研单位对于经费的管理与控制越发严格，手续与流程也越发复杂，建议可以配置科研助理，将科研人员从繁杂的预算编制、费用报销等事务性工作中解脱出来，把科研人员的时间留出来，可以更好地集中精力做科研。

附录 A 激励方式选择框架表

激励方式		经济激励									精神激励			成长激励				环境激励					
影响因素		绩效奖金	股权出售	股权奖励	股权期权	项目分红	岗位分红	收益分享	利润分享	风险型可变薪酬	荣誉称号	成果奖励	人物宣传	职位晋升	人才称号	培训	教育补贴	工作环境	科研助理	家属关怀	决策参与	弹性工作制	带薪休假
企业性质	上市企业（成立3年以上）	√	√	√	√	√	√	√	√	√	√	√	√	√	√	√	√	√	√	√	√	√	√
	上市企业（成立3年以内）	√	√		√	√				√	√	√	√	√	√	√	√	√	√	√	√	√	√
	非上市企业	√				√	√	√	√		√	√	√	√	√	√	√	√	√	√	√	√	√
企业规模	大型	√	√	√		√		√	√	√	√	√	√	√	√	√	√	√	√	√	√		√
	中型	√	√	√		√		√	√	√	√	√	√	√	√	√	√	√	√	√	√		√
	小型	√	√	√	√	√	√	√	√	√	√	√	√	√	√	√	√	√	√	√	√	√	√
主营业务	硬科学研究	√	√	√	√	√	√	√	√	√	√	√	√	√	√	√	√	√	√	√	√		√
	软科学研究	√	√	√		√	√	√	√	√	√	√	√	√	√	√	√	√	√			√	√
企业所处阶段	初创期	√									√	√	√	√	√	√	√	√	√		√		√
	发展期	√	√	√	√	√	√	√	√	√	√	√	√	√	√	√	√	√	√	√	√	√	√
	稳定期	√	√	√	√	√	√	√	√	√	√	√	√	√	√	√	√	√	√	√	√	√	√
	衰退期	√	√		√	√		√	√	√	√	√		√	√	√	√		√	√		√	√

续表

激励方式　影响因素			经济激励									精神激励			成长激励				环境激励					
			绩效奖金	股权出售	股权奖励	股权期权	项目分红	岗位分红	收益分享	利润分享	风险型可变薪酬	荣誉称号	成果奖励	人物宣传	职位晋升	人才称号	培训	教育补贴	工作环境	科研助理	家属关怀	决策参与	弹性工作制	带薪休假
员工因素	用工方式	正式用工	√	√	√	√	√	√	√	√	√	√	√	√	√	√	√	√	√	√	√	√	√	√
		非正式用工	√						√		√	√							√	√			√	√
		高层管理人员	√	√	√	√	√	√	√		√								√		√		√	√
		中层管理人员	√						√		√	√	√	√	√	√	√	√	√		√	√	√	√
		核心骨干科研人员	√	√	√	√	√	√	√	√	√	√	√	√	√	√	√	√	√	√	√	√	√	√
		一般科研人员	√						√	√	√	√	√	√	√	√	√	√	√	√			√	√

附录 B 调 研 问 卷

填 表 说 明

1. 调研目的：了解国有企业科技人员激励的现状与问题、成因及建议。

2. 填写方式：问卷内容包括基本信息、科技创新激励两个部分。

3. 填写说明：为了保证结果的有效性和完整性，请您将全部问题如实答完。如果某项指标值没有，请填"无"。

4. 问卷用途：本次调查为匿名调查，旨在帮助国有企业完善科技管理激励改革相关工作，您所有的回答将会受到保密，研究结果只展现综合数据，不涉及任何个人信息。调查的结果可能会对您今后的工作环境产生影响，请您细心阅读各项问题，并真实地表达您的意见。

国有企业科技人员工作状态与激励情况调查

1. 所在单位情况

A. 国有企业总部；

B. 下属科研单位。

2. 所在单位性质

A. 软科学/设计单位；

B. 研究开发单位；

C. 产业单位；

D. 成果应用单位。

3. 性别

A. 男；

B. 女。

4. 所在部门

A. 科研部门；

B. 非科研部门。

5. 工作年限

A. 1 年及以下；

B. 1～5 年（不含 1 年）；

C. 5～10 年（不含 5 年）；

D. 10～20 人（不含 10 年）；

E. 20～30 年（不含 20 年）；

F. 30 年以上（不含 30 年）。

6. 职务情况

A. 副科级；

B. 科级；

C. 副处级；

D. 处级；

E. 无；

F. 其他_____。

7. 年龄

A. 30 岁以下；

B. 30～40（含 30 岁）；

C. 40～50（含 40 岁）；

D. 50 岁及以上。

8. 学历

A. 本科及以下；

B. 硕士；

C. 博士及以上。

9. 您觉得下面哪一项最接近您现在的工作状态？

A. 很好，我每天上班很有积极性，工作效率非常高，很喜欢这份工作；

B. 较好，我每天上班比较有积极性，工作效率较高，认为这份工作还不错；

C. 一般，只是保证按时上班、按时完成工作，认为这份工作还可以；

D. 较差，我上班缺乏动力，工作效率一般，长此以往会想要离职；

E. 很差，我不愿意上班、不愿意工作，已经在考虑离职。

10. 您对您所在单位目前的薪酬、福利、工作环境、职业通道、荣誉等是否满意？

A. 非常满意（请跳答第 19 题）；

B. 比较满意；

C. 基本满意（一般）；

D. 不太满意；

E. 很不满意。

11. 您觉得您目前的薪酬水平与您目前工作的付出是否匹配？

A. 非常匹配，我对工作的付出都得到了应有的报酬，我很满意现在的薪酬水平；

B. 匹配，我对工作的付出与收入的比例基本合理，对现在的薪酬水平比较满意；

C. 不太匹配，我对工作的付出值得更高的收入，对现在的薪酬水平不太满意；

D. 不匹配，相比我对工作的付出，收入过低，对现在的薪酬水平很不满；

E. 很不匹配，我的收入丝毫无法体现我对工作的付出，对现在的薪酬水平非常不满。

12. 与您身边从事相同或相似工作的人相比，您对您目前的薪酬水平是否满意？

A. 非常满意，我的薪酬水平远远高于其他人；

B. 比较满意，我的薪酬水平略高于其他人；

C. 一般，我与其他人的薪酬水平基本持平；

D. 不太满意，我的薪酬水平略低于其他人；

E. 非常不满意，我的薪酬水平远低于其他人。

13. 您每天从事科研工作的时间分配如何？

A. 我工作的时间中，实际用于研究工作占 90%左右，极少花费时间在支撑服务、临时任务、综合事务、开会等；

B. 我工作的时间中，实际用于研究工作占 70%左右，较少花费时间在支撑服务、临时任务、综合事务、开会等；

C. 我工作的时间中，实际用于研究工作占 50%左右，花费在支撑服务、临时任务、综合事务、开会等上面的时间占据了我工作时间的一半；

D. 我工作的时间中，实际用于研究工作占 30%左右，大部分时间花费在支撑服务、临时任务、综合事务、开会等；

E. 我工作的时间中，实际用于研究工作占 10%左右，时间几乎都花费在支撑服务、临时任务、综合事务、开会等。

14. 您所在单位承接的科研项目最初的科研计划/任务书的范围是否可以根据实际情况进行灵活调整？

A. 非常灵活，可以根据研究的需要进行灵活的调整；

B. 较为灵活，除任务书中的科研指标之外，财务预算、研究的部分内容都可以根据实际需要进行调整；

C. 较不灵活，科研工作必须与最初的科研计划/任务书一致，非核心指标可以进行微小的调整；

D. 不灵活，科研工作与最初的科研计划/任务书严格一致，没有任何调整空间。

15. 您所在单位部门之间的科研协同合作情况如何？

A. 非常畅通，可以灵活组织部门之间合作；

B. 较为畅通，合作起来较为愉快，能共享科研成果；

C. 不太畅通，合作会受到部门的一些管理阻碍，一些科研成果不能共享；

D. 较不畅通，部门之间的壁垒较高，比较难以合作；

E. 完全不畅通，部门之间完全没有合作的可能。

16. 您对您现在单位办公条件满意吗？

A. 公司办公条件很好，办公室环境开阔、布置温馨、办公场所灵活；

B. 公司办公条件较好，能较好地满足工作的需求，办公环境、办公用品等较为充裕；

C. 公司办公条件一般，办公地点不太方便、办公环境较为狭窄；

D. 公司办公条件较差，办公地点偏远、办公室非常狭窄、办公场所不灵活；

E. 公司办公条件很差，办公地点非常偏远、办公室非常压抑、基本的办公条件都不能满足。

17. 您对您现在单位工作氛围满意吗？

A. 工作氛围很好，同事之间相处融洽、团结协作，充分感受到"家"文化；

B. 工作氛围较好，同事之间较为融合、合作较为通畅；

C. 工作氛围一般，同事各司其职，大多只关心自己的工作；

D. 工作氛围较差，员工相互之间有隔阂，合作起来存在一定困难；

E. 工作氛围很差，员工只关心个人当前利益得失和价值实现，甚至出现争夺利益的情况。

18. 您对您现在单位的岗级晋升/职级晋升通道满意吗？

A. 职级晋升非常畅通，单位职级晋升与个人能力和贡献直接挂钩；

B. 职级晋升畅通，虽然单位对职级晋升有硬性规定，但同时设置了突破年限限制的绿色通道；

C. 职级晋升一般，严格按照单位对职级晋升的硬性规定来执行，没有任何绿色通道；

D. 职级晋升较差，对晋升的年限、条件有硬性的规定，除此之外，还对晋升的比例有严格的限制；

E. 职级晋升很差，发展通道完全堵塞，根本没有晋升机会。

19. 您觉得您现在的工作对您个人知识的积累、能力的提升有较大帮助吗？

A. 帮助非常大，我在工作中收获了非常多的知识，能力提升很快；

B. 帮助较大，我在工作中收获了较多的知识，能力也在逐步提升；

C. 帮助一般，我觉得工作能带给我一些帮助，但是不能完全满足我的成长需要；

D. 帮助不大，我觉得工作内容相似度很高，每天机械劳动，工作局限在某项或者某几项具体任务，感觉较为疲惫；

E. 毫无帮助，我每天都在做着同样的事情，工作毫无意义可言。

20. 您对您现在单位培训和交流的机会感到满意吗？

A. 非常满意，单位提供的培训和交流机会很多；

B. 比较满意，单位提供的培训和交流机会较多；

C. 一般，单位提供的培训和交流机会不多，有时需要通过自己的争取才能获得培训和交流的机会；

D. 不太满意，单位很少开展培训，对外交流的机会也很少；

E. 非常不满意，单位几乎从未提供培训及对外交流的机会。

21. 您觉得您所在单位在评选先进员工代表（劳模、先进工作者等）时，是否能很好地做到公平公正？

A. 很好，获得荣誉的个人都能与荣誉达到非常完美的匹配；

B. 较好，获得荣誉的个人都能与荣誉达到较好的匹配；

C. 一般，获得荣誉的个人几乎能与荣誉相匹配；

D. 较差，获得荣誉的个人不能与荣誉相匹配；

E. 很差，荣誉完全是内定的，获得荣誉的个人完全不能与荣誉相匹配。

22. 您所在单位的荣誉称号、成果奖项等的设置是否能与科研工作相匹配，达到鼓励创新的目的？

A. 非常匹配，荣誉称号、成果奖项等设置非常合理，能够充分体现我所在单位研究能力和创新方向；

B. 比较匹配，荣誉称号、成果奖项等设置比较合理，能够较好地体现我所在单位研究能力和创新方向；

C. 一般匹配，荣誉、成果奖项等设置不够合理，比较难以体现我所在单位研究能力和创新方向；

D. 不太匹配，荣誉称号、成果奖项等的设置不合理，特别难体现我所在单位研究能力和创新方向；

E. 非常不匹配，荣誉称号、成果奖项等的设置非常不合理，完全无法体现我所在单位研究能力和创新方向。

23. 如果您所在单位将对员工激励进行调整，您认为以下哪一项最符合您的期望？

A. 提高经济激励力度，提供更多的经济激励方式；

B. 增加荣誉称号和成果奖项数量，提升获奖者在国有企业的影响力；

C. 有更多的晋升和岗位锻炼机会，职业发展通道更加清晰畅通；

D. 改善工作环境、加强员工关怀，使工作和家庭生活更加平衡；

E. 其他_____。

24. 据您所知，您所在的单位对科技人员开展了哪些经济激励方式？〔多选〕

A. 项目收益分红[1]；

B. 岗位分红[2]；

C. 股权激励[3]；

D. 增量奖励[4]；

---

[1] 项目收益分红：项目收益分红作为短期激励的一种，激励作用在短期内即可显现，分红金额直接与项目挂钩，激励关键人员，一般必须与成果转化挂钩。

[2] 岗位分红：岗位分红作为短期激励的一种，有效益就可以分红，且有无可用于转化的科技成果均可采用，以岗位为基础进行经济激励。

[3] 股权激励：股权激励是中长期激励的一种，包括战略投资者转让、股票期权等。

[4] 增量奖励：在工作总额范畴内，针对某一行为或突出贡献等给予现金奖励。

E. 递延现金奖励❶；

F. 员工持股❷；

G. 绩效奖金；

H. 福利补贴（餐补、医疗补贴、疗养费等）；

I. 其他_____。

25. 以下经济激励方式中，您认为哪几项最重要？［多选，请选择并按照重要程度从高到低排序，最多选 **3** 项］

（1）_____；（2）_____；（3）_____。

A. 项目收益分红；

B. 岗位分红；

C. 股权激励；

D. 增量奖励；

E. 递延现金奖励；

F. 员工持股；

G. 绩效奖金；

H. 福利补贴（餐补、医疗补贴、疗养费等）；

I. 其他_____。

26. 在第 **25** 题您认为最重要的激励方式中，您认为该项激励的金额应在您总收入中占比多少才能激发您的工作活力？

（1）_____（%）；（2）_____（%）；（3）_____（%）。

---

❶ 递延现金奖励：是支付薪酬的一种形式，递延支付方式将经营者的利益与企业长远的发展结合起来，更加充分地体现风险 - 收益对称的原则，进而对员工产生更大的激励与约束效应。

❷ 员工持股：是指通过让员工持有本国有企业股票和期权而使其获得激励的一种长期绩效奖励计划。

27. 您认为您目前所受到的经济激励还有哪些不足？〔多选，请选择并按照重要程度从高到低排序，最多选 3 项〕

（1）＿＿＿＿；（2）＿＿＿＿；（3）＿＿＿＿。

A. 激励方式过于单一；

B. 激励方式与实际需求不匹配；

C. 激励水平不足；

D. 激励机制没能体现科技人员与非科技人员之间的差别；

E. 激励标准没能体现自身的付出；

F. 激励标准没能体现科技人员之间的差距；

G. 其他＿＿＿＿。

28. 以下精神激励方式中，您觉得哪一项最重要？

A. 荣誉称号；

B. 成果奖项；

C. 人物宣传；

D. 其他＿＿＿＿。

29. 您认为您目前所受到的精神激励还有哪些不足？〔多选，请选择并按照重要程度从高到低排序，最多选 3 项〕

（1）＿＿＿＿；（2）＿＿＿＿；（3）＿＿＿＿。

A. 荣誉称号、成果奖项种类较少；

B. 荣誉称号、成果奖项评选标准不合理；

C. 荣誉称号、成果奖项评价过程透明度不够；

D. 荣誉称号、成果奖项评选未严格按照评选标准实施；

E. 荣誉称号、成果奖项不够权威、影响力不够；

F. 获奖人员宣传力度不够；

G. 其他_____。

30. 从您目前的职业发展情况来看，您认为以下哪几项最重要？［多选，请选择并按照重要程度从高到低排序，最多选 3 项］

（1）_____；（2）_____；（3）_____。

A. 职位晋升；

B. 岗级（薪档）晋升；

C. 多岗位轮换；

D. 拓展工作范畴；

E. 提高工作挑战性；

F. 增加学习机会；

G. 营造内部学习氛围；

H. 其他_____。

31. 结合您的职业发展情况，您认为您所在的单位在成长激励方面还有哪些不足？［多选，请选择并按照重要程度从高到低排序，最多选 3 项］

（1）_____；（2）_____；（3）_____。

A. 职业发展方向不明晰；

B. 职业发展通道不畅通；

C. 工作内容过于单一；

D. 工作内容过于简单；

E. 职位/岗级晋升标准不合理；

F. 缺乏多岗位锻炼机会；

G. 缺乏培训学习机会；

H. 内部学习氛围不足；

I. 其他_____。

32. 从您目前的工作情况来看，您认为以下哪几项最重要？〔多选，请选择并按照重要程度从高到低排序，最多选 3 项〕

（1）_____；（2）_____；（3）_____。

A. 良好的办公环境；

B. 便捷的便民服务和休闲设施；

C. 较少的事务性工作；

D. 更多地参与公司决策；

E. 工作时间能够弹性调整；

F. 提供托儿、托老等家属关怀项目；

G. 较多的带薪休假/病假天数；

H. 其他_____。

33. 结合您的工作情况，您认为您所在的单位在环境激励方面还有哪些不足？〔多选，请选择并按照重要程度从高到低排序，最多选 3 项〕

（1）_____；（2）_____；（3）_____。

A. 办公条件不满足办公需求；

B. 便民服务和休闲设施较少；

C. 事务性工作过多；

D. 国有企业决策参与度较低；

E. 工作时间弹性不够；

F. 家属关怀项目较少；

G. 增加带薪休假/病假天数较少；

H. 其他_____。

参 考 文 献

[1] 周县委. 心理契约视角下知识型员工激励模型研究 [D]. 山东：山东大学，2010.

[2] 龙小兵. 知识型企业员工非物质激励机制与创新绩效研究 [D]. 湖南：中南大学，2012.

[3] 廖建桥，文鹏. 知识员工定义、特征及分类研究述评 [J]. 管理学报，2009，6（02）：277－283.

[4] 张望军，彭剑锋. 中国企业知识型员工激励机制实证分析[J]. 科研管理，2001（06）：90－96＋62.

[5] 薛世杰. XG 集团科技人员激励机制构建研究 [D]. 陕西：西安理工大学，2010.

[6] 白贵玉. 知识型员工激励、创新合法性与创新绩效关系研究 [D]. 山东：山东大学，2016.

[7] 吴海峰. 企业创新型员工行为结构及需求研究 [J]. 商场现代化，2010（05）：111.

[8] 蒋申. 外资企业知识型员工激励研究 [D]. 北京：北京交通大学，2014.

[9] 马桂. 能源企业科技人才技术创新激励研究 [D]. 陕西：西北大学，2011.

[10] 高云. HW 国有企业知识型员工的激励模型研究 [D]. 陕西：西安建筑科技大学，2016.

[11] 刘梅芳. 企业文化在企业管理中的作用 [J]. 生产力研究，2013（11）：151－152＋167.

[12] 王三银，刘洪，刘健. 创新氛围对员工创新行为的影响机制研究 [J]. 现代管理科学，2015（07）：9－11.

[13] 杨树. 国有企业开展科技人员股权和分红激励的相关政策、实践和建议 [J]. 中国人力资源开发，2016（20）：22－29.

[14] 郭戎，薛薇，张俊芳，等. 国家自主创新示范区科技创新政策评价研究 [J]. 中国科技论坛，2013（11）：11－15.

[15] 史茂成. 企业岗位分红权激励方案的设计和实施研究 [J]. 中国管理信息化，2018（10）：100－101.

[16] 张俊芳. 实施股权激励试点政策的调研分析 [J]. 高科技与产业化，2016（05）：22－25.

[17] 张纯. 非上市国有科技型企业股权激励问题探究 [J]. 人才资源开发，2017（22）：193－195.

［18］ 张俊芳. 国有企业股权与分红激励政策：演进、效果及建议［J］. 全球科技经济瞭望，2018（04）：29 － 34.

［19］ 张俊芳. 中国股权与分红激励试点政策的情况跟踪调查［J］. 中国科技论坛，2016（11）：43 － 47.

［20］ 王博. 现代国有科技型企业人员激励途径研究［J］. 商场现代化，2018（03）：102.